［復刻版］

初等科地理

文部

JN045189

ト出版

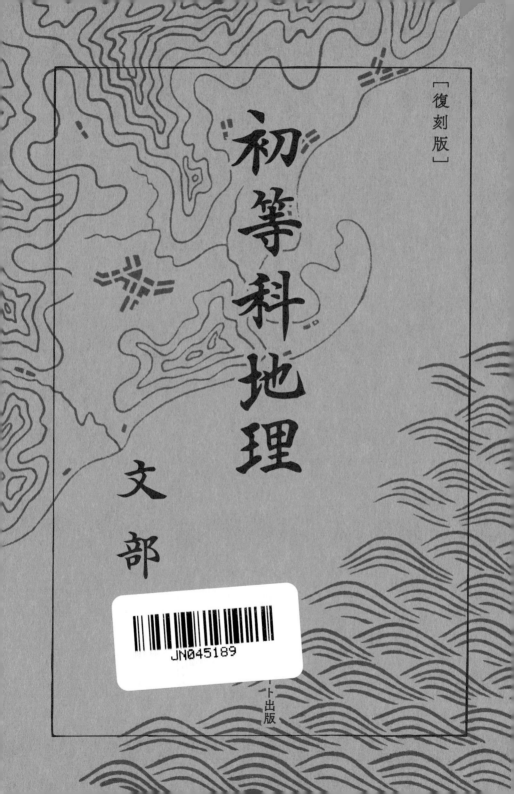

［復刻版］

初等科地理

目　録

初等科地理 上 （五年生用）

初等科地理 下 （六年生用）

凡例

一、本書は、文部省著『初等科地理』上下（昭和十八年発行）を底本としました。
二、原則として、旧字は新字に、旧仮名遣いを新仮名遣いに改めました。
三、原則として、当時の外来語は、今日一般的に使用されている表記に改めました。
四、明らかな誤字脱字は訂正しました。
五、図中の文字は描き直しました。
六、巻末に宮崎正弘氏による「解説」を追加しました。

〔編集部より〕
当社で復刊を希望される書籍がございましたら、本書新刊に挟み込まれているハガキ等で編集部まで情報をお寄せください。今後の出版企画として検討させていただきます。

初等科地理　上

一　日本の地図

日本の地図をひらいて見ましょう。

まず私たちの住んでいる郷土が、どのへんにあるかをしらべましょう。そうして、それが日本全体から見て、北の方にあるか、西の方にあるか、また真中《まんなか》どころにあるかなどに注意しましょう。そうすれば、しぜんと日本全体の形が、どんなふうになっているかがはっきりして来るでしょう。

太平洋上、北東から南西へかけて長く連《つら》なっている島々が、日本列島《れっとう》で、大きな島や、小さな島が並んでいます。大きな島にはどんな島があるか、またそのうちでもいちばん大きな島は、どれであるかをしらべてみなさい。いちばん大きな島は本州《ほんしゅう》で、それが日本列島のちょうど真中になっていることに気がつくでしょう。本州の北には北海道《ほっかいどう》本島があるし、本州の西に九州《きゅうしゅう》島があります。また、北海道本島から北東へ向かって千島《ちしま》列島があるし、九州島と台湾《たいわん》との間には琉球《りゅうきゅう》列島があります。

北の千島列島、中央《ちゅうおう》の本州、南の琉球列島が、それぞれ太平洋へ向かって弓なりに張り出しているぐあいは、日本列島全体をぐっと引きしめているようで、こうした形から、われわれは何かしら強い力がこもっているように感じます。

どうみても、日本列島はへいぼんな形ではありません。アジア大陸の前面に立って、太平洋へ向かっておおしく進むすがたが想像《そうぞう》されるとともに、また太平洋に対して大陸を守る役目をしているようにも考えられます。

次に、日本列島とアジア大陸との間にある海と、海峡《かいきょう》とをしらべましょう。オホーツク海と日本海との境《さかい》になっている樺太《からふと》は、間宮《まみや》海峡をへだててシベリアに近く、千島列島の北端《ほくたん》は、千島海峡によってカムチャッカ半島に向かい合っています。日本海と東支那海《ひがししなかい》の間にある朝鮮《ちょうせん》半島は、満洲《まんしゅう》と地続《じつづ》きで、ちょうどわが本土《ほんど》と大陸との間にかけられた橋のように、昔からわが国と大陸とを結ぶ大切《たいせつ》な通路になっています。従って、半島の南にある朝鮮海峡は、わが国と大陸とのれんらく上特に大切であります。

朝鮮半島の西の黄海《こうかい》に面した関東州《かんとうしゅう》もまた、大陸への一つの入口であります。台湾は、台湾海峡をへだてて支那に近いところにあります。この海峡は、わが国から南洋《なんよう》やヨーロッパなどへ行く船の通る道として大切なところで、これを通ると南支那海で、この海に新南群島《しんなんぐんとう》があります。

これらの海や海峡は、日本列島中大きな島々の間にある海峡とともに、交通《こうつう》上また国防《こくぼう》上、非常《ひじょう》に大切であることに注意しなければなりません。

わが国土が大陸に近い位置《いち》にあるということは、わが国と大陸とのいろいろな関係《かんけい》を考える上に、たいへん意味のあることであります。歴史が物語《ものがた》るように、古来《こらい》わが国は、交通や文化《ぶんか》の上に大陸と深い関係をもっていたし、また今後ますます国民が大陸の諸地方に発展《はってん》するのに、都合《つごう》のよい立場《たちば》にあるのです。

もしわが国土が、大陸から遠くはなれたはなれ島であったら、大陸とかような深い関係は結ばれなかったでしょう。この古い縁故《えんこ》のある東亜《とうあ》の大陸は、今やわれわれの前に、新しい活動《かつどう》の天地として開けて来ました。

そこで次に、日本を中心とした広い大東亜《だいとうあ》の地図を、ひらいて見ましょう。日本列島の外側《そとがわ》は、世界でいちばん大きな海の太平洋です。本州の中央から南の方へ、伊豆《いず》七島・小笠原《おがさわら》群島が連なっていて、遠くわが南洋群島に続いています。この群島は、無数の小島が砂をまきちらしたように、西太平洋上にちらばっています。ごく小さな島々ではありますが、広い海面にちらばっているので、わが国の海のまもりから見て非常に大切なところであります。

わが南洋群島の西から南にかけて、赤道《せきどう》を中心に、ルソン・ミンダナオ・ボルネオ・スマトラ・ジャワ・セレベス・パプアなどをはじめ、大小さまざまの島の一群があります。みんな熱《ねっ》帯《たい》の島で、ボルネオやパプアは、日本全体よりも大きな島です。

大東亜戦争が起って、これらの熱帯の島々の大部分は、インド支那半島のマレーやビルマなどとともに、わが皇軍《こうぐん》の占領《せんりょう》するところとなりました。ビルマに続いてインドがあり、皇軍の活躍《かつやく》は西へのびてインド洋に広がり、南へくだって濠洲《ごうしゅう》に及《およ》んでいます。

濠洲の東には、南太平洋の広い海面にわたって、たくさんの島々がちらばっています。ニュージーランドのような大きな島もありますが、たいていは小さな島々で、ちょうどアメリカ合衆《がっしゅう》国《こく》から濠洲にいたる道すじに当っています。赤道の北にハワイ諸島《しょとう》があり、それはほぼ太平洋の真中どころで、交通上また軍事上すぐれた位置を占《し》めています。

太平洋を東に越《こ》えると、北アメリカと南アメリカの二大陸がたてに並んで、太平洋と大西洋とをへだてています。この二大洋をつなぐ通路として、パナマ運河《うんが》は非常に大切な役目をもっています。

私たちは、日本を中心として、太平洋の諸地方をひととおり地図によって見渡しました。そのうちで、アメリカ大陸をのぞいた他の地方は、大体今日大東亜とよばれている地域《ちいき》のうちにはいるのです。

大東亜がどんなに広いか、また日本から見てどんなぐあいにひろがっているかをよく注意しましょう。

そうして、もう一度わが国土のすがたを見つめましょう。

神代の昔から、海の魂《たましい》によってはぐくまれ、また大陸に近く接して、そのあらゆる文化をとり入れて来たわが国は、海に陸にのびて行く使命《しめい》をはたすにふさわしい位置を占め、その形ものびのびと、四方に向かって手足をのばして進むようすをあらわしています。

かように位置といい、形といい、たぐいない国土に恵《めぐ》まれたわが日本は、まことに神の生み給《たも》うた国であることを、つくづくと感じるのであります。

わが国の面積《めんせき》は約六十八万平方キロで、そこに一億《おく》の人々が住んでいます。面積にくらべて人口《じんこう》の多いこと、人口のふえるわりあいの大きいことは、世界でもまれであり、このことからもわれわれは、国の力があふれていることを思って心強いかぎりです。

二　本州《ほんしゅう》・四国《しこく》・九州《きゅうしゅう》

日本列島《れっとう》の島々のうちでいちばん大きな本州は、日本全体の面積《めんせき》の三分の一ぐらいあって、位置《いち》もちょうど真中《まんなか》どころに当っています。四国と九州とは、本州の西にくっついたような島ですから、この三つの島を一かたまりとして見ることができます。

日本列島の島々には、せぼねのような山脈が真中を通っています。本州でも、やはりその島の形なりに、中央《ちゅうおう》から北では南北へ、西では東西へ、山脈が通っていますが、その西の端《はし》は、北九州の山脈に続いていま

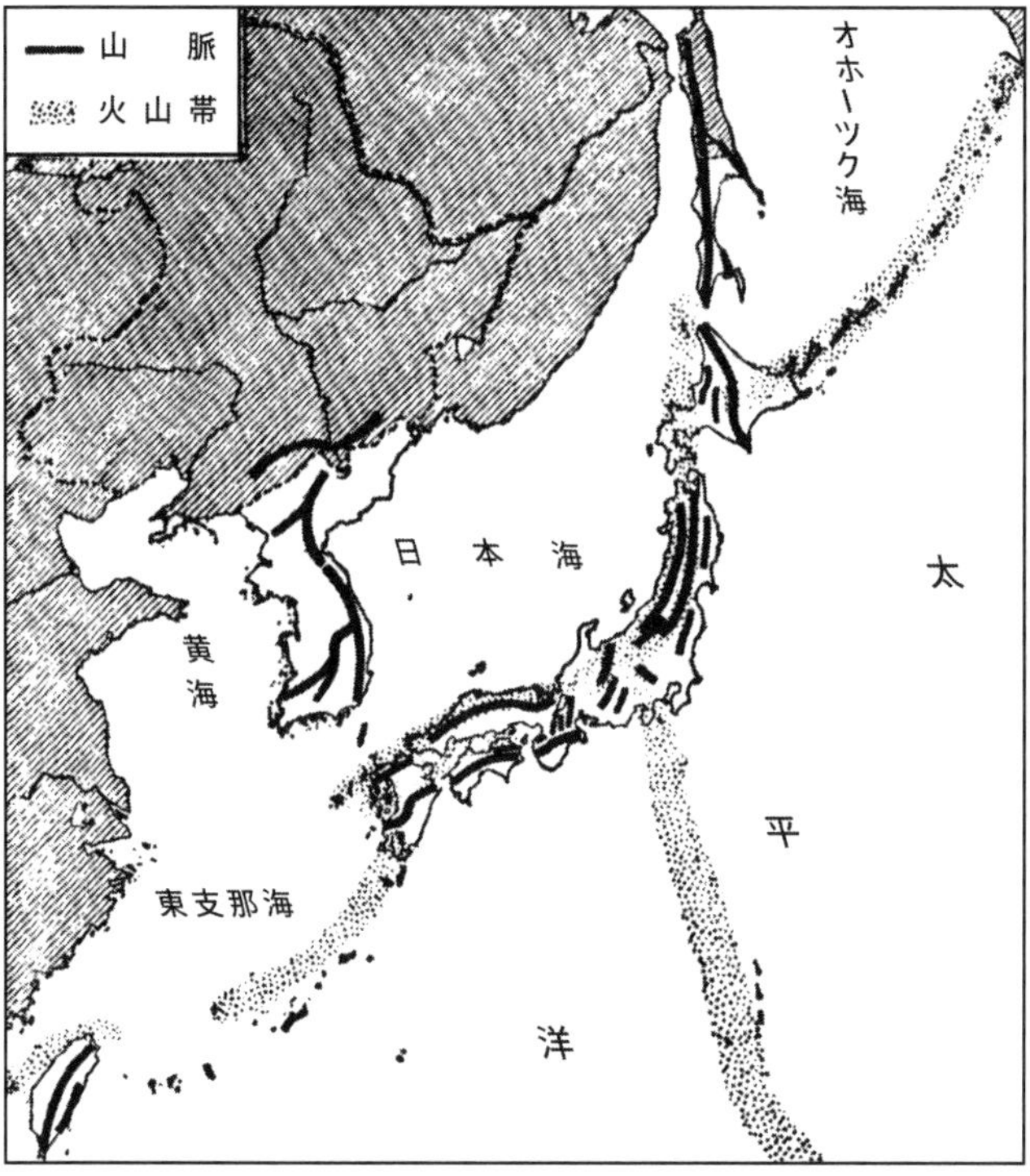

日本の山脈の略図

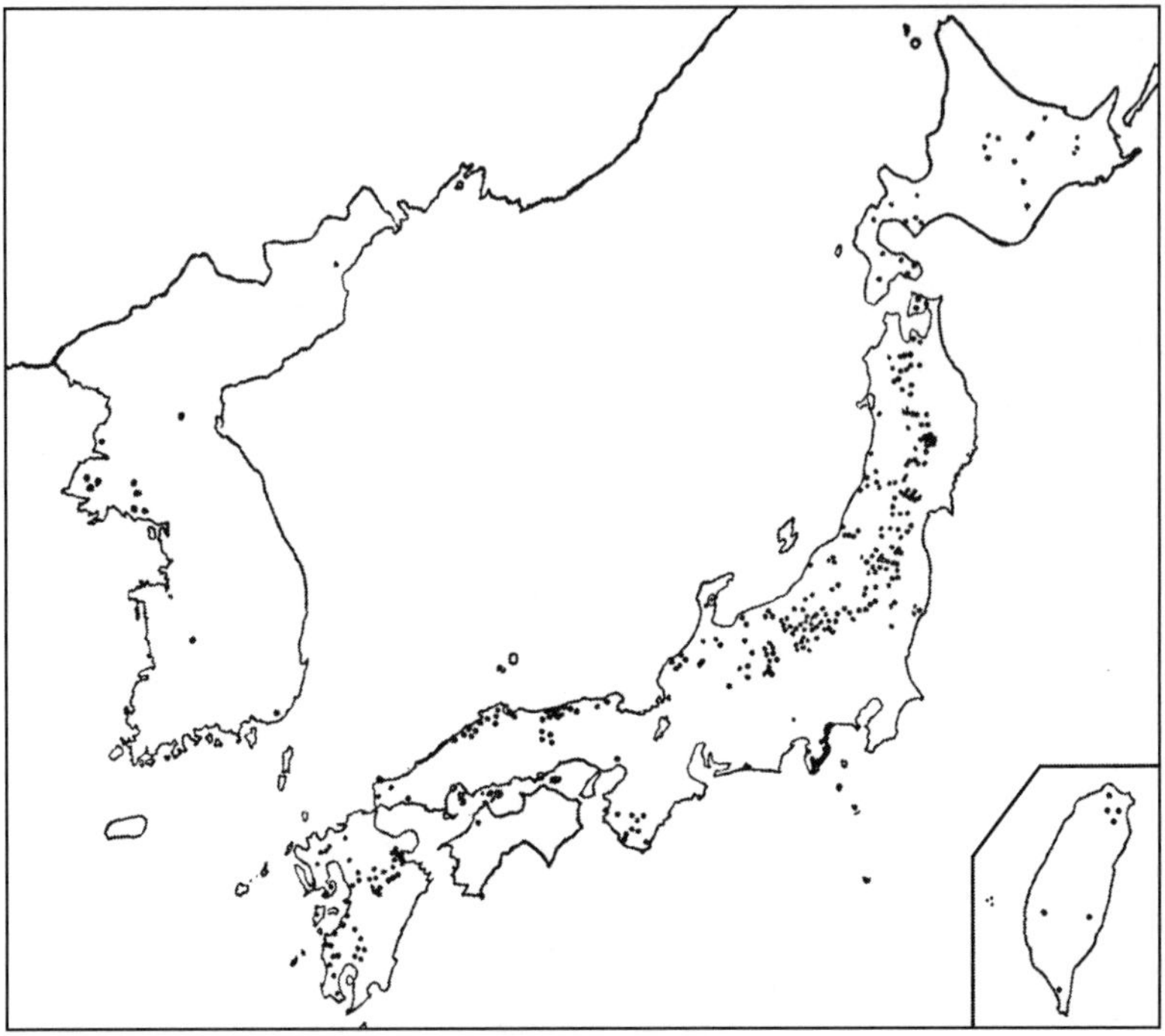

温泉の分布

す。それにもう一すじ、本州の中央から分れて紀伊《きい》半島を通り、四国を経て、九州のなかほどをななめに横ぎっている山脈があります。本州の中央は、これらの山脈が集って、土地がいちばん高くなっているばかりでなく、また島の幅もいちばん広くなっています。

日本列島には、このせぼねのような山脈に沿《そ》った火山帯《かざんたい》がありますが、また別に、本州の中央から伊豆《いず》七島・小《お》笠原群島《がさわらぐんとう》に続く火山帯もあって、火山がいたるところにそびえています。

上がとがって、ふもとになだらかなすそ野を引く火山のすがたは、日本各地の景色《けしき》を美しく引き立てています。富士は、その代表的《だいひょうてき》な山であります。

また、浅間山《あさまやま》や阿蘇山《あそざん》のように、絶《た》えず煙を吐《は》いている火山も少くありません。わが国は、世界でも有名《ゆうめい》な火山国で、火山にともなって温泉《おんせん》もたくさんありますし、また地震《じしん》も多い国であります。

本州の主《おも》な川々は、せぼねの山脈を境《さかい》にして、太平洋に注ぐものと、日本海に注ぐものとがあります。山地が多いので、どの川も大体流れが早く、川の上流《じょうりゅう》や中流《ちゅうりゅう》といえば、青々《あおあお》と木の茂《しげ》った谷合いを、きれいな水が勢《いきお》よく流れているのがふつうです。その谷合いに、せまい平地や、やや広い盆地《ぼんち》がありますが、

川

川の下流《かりゅう》になると、両側《りょうがわ》に広い平野《へいや》があります。広いといっても、満洲《まんしゅう》や支那《しな》などにあるような大きなものではありません。

本州の太平洋側では、利根《とね》川の流れを中心とする関東《かんとう》平野や、木曾《きそ》川の下流にある濃尾《のうび》平野や、淀《よど》川の下流にある大阪《おおさか》平野、また日本海側では、信濃《しなの》川の下流にある越後《えちご》平野が、平野の主なものです。九州の筑後《ちくご》川に沿った筑紫《つくし》平野も、かなり広い平野です。

海岸

海岸に沿った、幅のせまい平野も各地に見られますが、土地が山がちですから、山が海にせまって、小船を寄せる平地のない海岸もたくさんあります。海にのぞんで切り立った岩山のすそに小島のちらばっているのと、松林の続く砂浜《すなはま》に波のくだけるのは、日本の海岸風景《ふうけい》の特色《とくしょく》といってよいでしょう。

海岸線の出入《しゅつにゅう》と島の多いところは、九州と瀬戸内海《せとないかい》の沿《えん》岸《がん》で、朝鮮《ちょうせん》半島の南の海岸とともに、島や湾のいちばん多いところです。

紀伊・伊豆・房総《ぼうそう》などの半島は、太平洋側の主な半島で、能登《のと》半島は、あまり大きな出入のない日本海の沿岸で、特に目にたつ半島です。

本州・四国・九州は、わが国でも気候《きこう》のいちばんよいところです。本州の北東部には、冬かなり寒いところもありますが、その他の地方は寒さも知れたものです。殊に、本州中央の太平洋沿岸から四国・九州にかけては、真冬《まふゆ》にも暖い日光をあびながら、らくに野外《やがい》で働くことができます。

ただ、本州の日本海沿岸の冬は、海の方から吹きつける北西季節風《きせつふう》のために、盛《さか》んに雪が降り、野も山も深い雪におおわれて、交通にもたいへんなんぎをするところがあります。この点、太平洋沿岸とは、いちじるしいちがいですが、これは主に、太平洋側と日本海側とを分けるせぼねの山脈が、北西風の運ぶ湿気《しっき》をさえぎる役目をしているからです。

夏の盛りには、そうとう暑い日が続きます。盆地や、平野の真中あたりなどは特にそうですが、しかし海にかこまれた島国ですから、涼しい海風が、よほど暑さをやわらげてくれます。本州・四国・九州の南海岸が、夏特に雨が多いのは、南東季節風が太平洋から湿気を吹き送るためです。夏、雨の多い本州の太平洋側と、冬、雪の多い日本海側とは、こうした気候のちがいにつれて、いろいろなちがいが見られます。

山にかこまれた瀬戸内海の沿岸は、北の中国《ちゅうごく》山脈、南の四国山脈によって、日本海や太平洋の方から来る湿気がさえぎられるので、雨が少く晴天《せいてん》の日が続きます。

日本列島の島々は、海岸の平野をのぞけば内部は大体が山がちですから、主な交通路は、昔から海岸に沿っているところが多く、本州・四国・九州では、そのようすが特によくわかります。

東京《とうきょう》が江戸《えど》と呼ばれたころ、東海道《とうかいどう》五十三次《つぎ》といって有名であった江戸と京都《きょうと》の間の街道《かいどう》も、できるだけ山地をよけて海岸の平野を通っています。今も、あちこち残っているそのころの松並木《なみ》を見ると、昔の旅のさまがしのばれます。

東海道の松並木

東京から神戸《こうべ》へ行く今の東海道本線のうち、東京から名古屋《なごや》までは、大体この街道に沿っているのです。そうしてわが国の特に大きな都市が、すべてこの鉄道に沿っているのを見ても、この線が、交通上大切《たいせつ》であることがよくわかるでしょう。

瀬戸内海の沿岸を通っていた山陽道《さんようどう》も、同じように海岸づたいで、これも今の山陽本線とよく一致《いっち》しています。また、日本海沿岸の北陸《ほくりく》・山陰《さんいん》の街道も、やはり海岸に沿ったもので、北陸本線と山陰本線の鉄道は、それぞれこの道すじを通っているのです。

東京・青森《あおもり》間の鉄道では、東北《とうほく》本線は阿武隈《あぶくま》川や北上《きたかみ》川の谷を通り、奥羽《おうう》本線はいくつかの盆地を通るので、大部分海岸ぞいではありませんが、これらも昔からの街道とよく一致してい

昔の旅

ますし、常磐線《じょうばん》は、関東平野から北の方は太平洋岸を通っていて、これも古い街道すじにあたっています。

内部の山地を横ぎって、太平洋側と日本海側とをつなぐ鉄道は、開通もおそく、しかも主な鉄道線は少いのです。四国でも主な鉄道は、瀬戸内海の沿岸にありますし、また九州を一周《いっしゅう》している主な鉄道も、大部分、海岸に沿っています。

三　帝都のある関東平野《かんとうへいや》

関東平野は、わが国でいちばん大きな平野です。平野の少いわが国では、それがめずらしく大きいこと、その位置《いち》が本州《ほんしゅう》のほぼ中央《ちゅうおう》に当っていること、そうしてそこに帝都東京《とうきょう》があることが、この平野について最《もっと》も大切《たいせつ》な点です。東京と関東平野とは、どうしても切りはなして考えることができません。東京を中心として、鉄道や電車が平野の四方へのび、またそれらの線をれんらくする線があって、ちょうど、くもの巣《す》を張りめぐらしたようになっています。これを見ても東京とこの平野とが、どんなに深い関係《かんけい》があるかがわかるでしょう。これほど交通《こうつう》が発達しているのは、東京や横浜《よこはま》のような大都市があるからではありますが、また、平野というものが、道路や鉄道を敷くのに便利《べんり》であるからであります。

東京には、七百万というたくさんの人々が住んでいますから、いろいろな品物が、全国から集ります。とりわけ東京の近くでできるものは、送るのに便利ですから、この平野にいろいろな産業《さんぎょう》が発達することになります。都会《とかい》向《む》きの野菜《やさい》の栽培《さいばい》が、東京の近くで盛《さか》んに行われるのは、その一つの例《れい》であります。

栄《さか》えゆく帝都のまわりに、こうした広い平野をひかえていることは、まことに意味《いみ》のあることです。

関東平野とまわりの山地

東京の西の郊外《こうがい》へ出て、武蔵野《むさしの》の小高いところに登《のぼ》ると、見渡すかぎり広々とした関東平野が、目の前に開けます。平野といっても、このへんは、どこまでも水田が続くといったふうに、ごく平らではありません。表面《ひょうめん》のゆるやかに起伏《きふく》する台地《だいち》が、いたるところにあって、その間を流れる川のへりに水田があります。よく晴れた日なら、遠く西から北に、この平野をかぎる山々を望むことができます。西には、わりあいに近く、箱根《はこね》からずっと北に続く山々が見え、その間にすっきりと、上半身《じょうはんしん》をあらわした富士《ふじ》のすがたが美しく見られます。北には、遥《はる》かに榛名《はるな》や、赤城《あかぎ》や、日光《にっこう》の山々も見えます。

北東の筑波《つくば》は、平野の中にぽつんとそびえているので、遠いながらも目につく山です。また南には、右手に伊豆《いず》、左手に房総《ぼうそう》の山々を望み見ることができます。

富士と筑波は、関東平野にはつきものの山で、江戸《えど》の名所《めいしょ》の絵《え》にも、この二つの山がきっとかきそえてあるほどです。

前にも述《の》べたように、関東平野は、台地と川の沿岸の低地とが入りまじっていますが、荒川《あら》を越《こ》えて利根《とね》川の沿岸になると、だんだん低地が広くなり、台地はきれぎれになります。低地は大部分が水田で、台地には畠が続きます。関東平野が、わが国でいちばん多く麦を産するのも、こうした広い畠があるからであり、またさつまいもが多くとれるのも、そのためです。

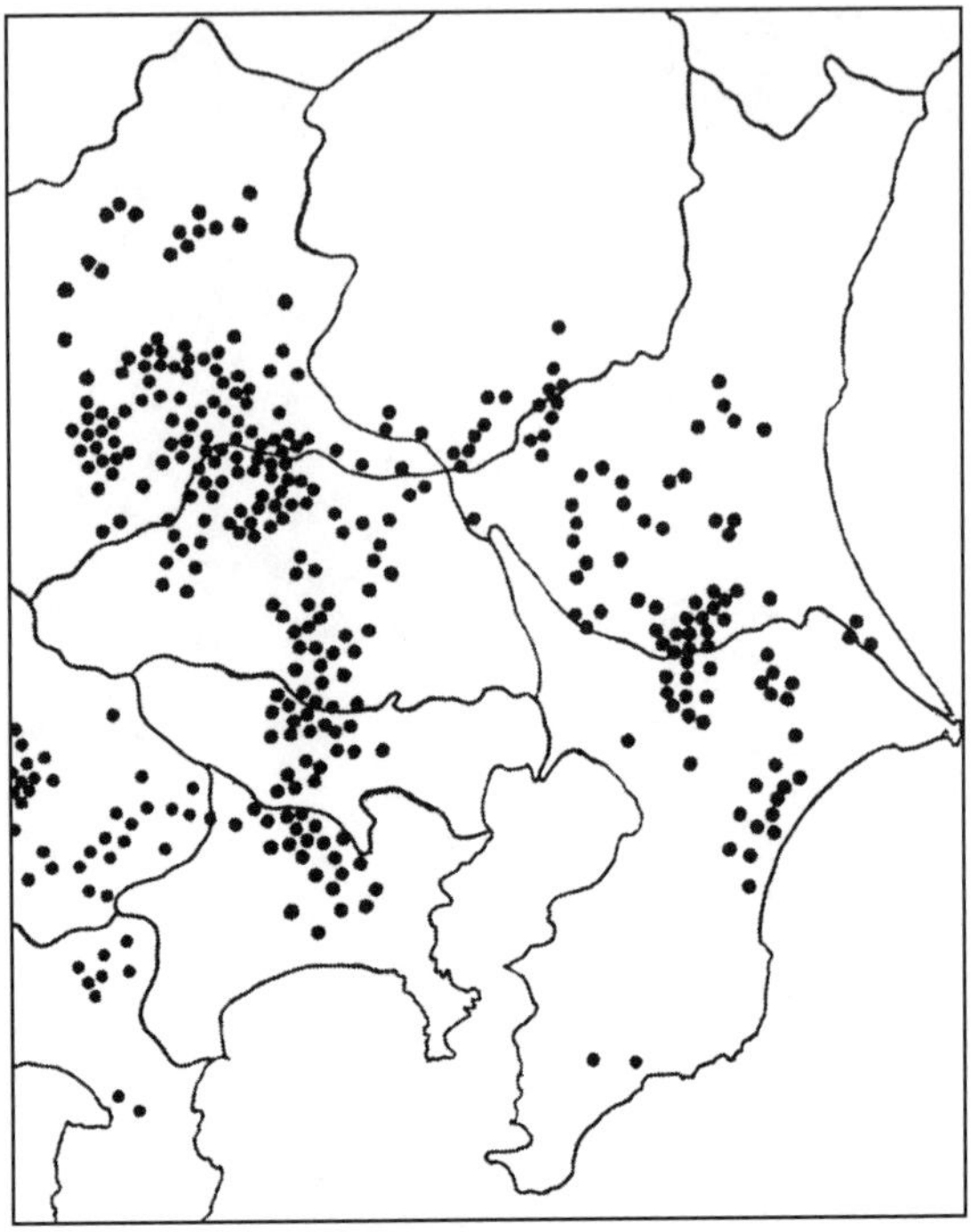
関東平野の桑畠の分布

武蔵野を西へ行くと、山のふもとに近づくにつれて桑《くわ》畠が多くなり、見渡すかぎりそれが続きます。関東平野の西部から北西部にかけての山麓地帯《さんろくちたい》では、いたるところ養蚕業《ようさんぎょう》が行われ、従って製糸《せいし》業・絹織物《きぬおりもの》業もまた盛んです。前橋《まえばし》・高崎《たかさき》・富岡《とみおか》・熊谷《くまがや》などは製糸業の中心地であり、桐生《きりゅう》・足利《あしかが》・伊勢《いせ》崎《ざき》・八王子《はちおうじ》などは絹織物の産地です。

これらの都市やその附近には、最近《さいきん》いろいろな工場が新しくできて、いよいよ活気《かっき》を見せています。

また関東平野の北東部と南西部には、たばこの栽培が行われ、わが国でも主《おも》な葉たばこの産地となっています。

平野が広いだけに、米もたくさん取れます。しかし、東京・横浜のような大都市をはじめ、平野の各地に都市があって、わが国でもいちばん人口《じんこう》の密《みつ》なところですから、この地方の米だけでは足りません。従って東京には、他の地方からたくさんの米が集ります。

関東平野の北から西へ続いてそびえている高い山々は、冬、日本海方面から来る湿気《しっき》をさえぎる役目をしています。それで山地の北側《がわ》は、冬中雪が深く積っているのに、せなか合せの関東平野は、雪もまれで暖かです。東京から上越線《じょうえつ》で新潟《にいがた》方面へ、冬、旅行する人は、清水《しみず》トンネルあたりを境《さかい》に、南と北の気候《きこう》がすっかりちがっているのでびっくりします。関東平野でも、南の相模《さがみ》湾の岸や房総半島の沿岸などは、近く暖流《だんりゅう》の流れる海に面しているので、いっそう暖かです。

しかし、山地を越して来る冬の北西風は、平野の方へ強く吹きおろして来ます。湿気を失った空《から》っ風が、平野の北ほど強く吹きます。東京でも武蔵野の土煙をあげて吹いて来る風は、めずらしくありません。

冬は天気がよく、夏は南東季節風《きせつふう》が湿気を運んで雨の多い関東平野は、農業《のうぎょう》が盛んであり、交通の便利なことと相まって、いろいろな産業が発達するのです。

東京とその附近

帝都である東京は、約七百万の人口があって、世界でも一、二を争《あらそ》う大きな都市です。東京湾に注ぐ荒川下流《かりゅう》の低地から、武蔵野の台地の上にわたってひろがっている町ですから、低地

宮城

にある下町《したまち》と、台地にある山手《やまのて》とに大別され、また下町・山手をつなぐ坂の町も多いのです。

　宮城《きゅうじょう》は、市の中心にあります。近く九段坂の上には靖国《やすくに》神社があり、また明治神宮は、宮城からずっと西の方にあって、木立《こだち》深い神域《しんいき》は市内とは思えない静けさです。宮城の附近には、議事堂《ぎじどう》や、官庁《かんちょう》や、東京駅《えき》その他銀行《ぎんこう》・会社《かいしゃ》などの大きな建物が集っています。その外側にある下町はにぎやかな商店街《しょうてんがい》であり、山手方面は主に住宅地《じゅうたくち》となって発達しています。

　荒川の下流を隅田《すみだ》川といい、その沿岸から東京湾に沿う埋立《うめたて》地にかけては、大きな工場や倉庫《そうこ》の立ち並んだ工業《こうぎょう》地帯があります。この地帯は、さらに南へのびて川崎《かわさき》・横浜に続き、京浜《けいひん》工業地帯をなしています。煙突《えんとつ》の煙、機械の響《ひび》きの絶《た》えないこの京浜工業地帯こそは、わが国工業の一大中心であり、その発《はっ》

明治神宮

東京駅

展《てん》はまことに目ざましいものがあります。この工業の発展に応《おう》じて、東京港は港の設備《せつび》をととのえ、横浜港とともに京浜港の一部として、貿易《ぼうえき》のために新しく開かれることになりました。横浜港とをれんらくする京浜運河《うんが》も、やがて開通するでありましょう。

隅田川を中心とする下町方面には、川や堀や運河がいたるところにあって、荷物を運ぶ小船が、倉庫の並んだ川岸にたくさん集っています。川や堀が多いだけに、どこへ行っても橋があり、とりわけ隅田川には、一つ一つ形のちがった美しい橋がいくつもかかっていて、その下を、のぼりくだりの船がにぎやかに往来《おうらい》しています。隅田川が東京の名所であることは、今も昔もかわりませんが、そのほか市内には、名所・旧蹟《きゅうせき》がたくさんあります。

東京にはあらゆる学校があり、また大きな博物館《はくぶつかん》や図書《としょ》館があり、わが国学問の中心地として、図書の出版《しゅっぱん》の盛んなこともわが国第一であります。

東京はもと江戸といい、徳川氏《とくがわし》の幕府《ばくふ》があって繁昌《はんじょう》したところですから、そのころからすでに陸上の交通も発達し、主な街道《かいどう》が四方へ通じていました。今日では、東海道《とうかいどう》本線を始め、中央本線・東北《とうほく》本線・常磐《じょうばん》線など、わが国の主な鉄道の起点《きてん》となっています。その上、郊外へ出

旅客飛行機

る電車の便利がよく、従って附近の町々は、東京と切っても切れない関係をもって、どしどし発達して行くのです。

東京はまた、わが国の航空路《こうくうろ》の中心であり、多摩《たま》川の川口にある羽田《はねだ》の飛行場を起点として、満洲《まんしゅう》や支那《しな》や南方の諸地方へ、定期《ていき》航空路が開かれています。

横浜は、神戸《こうべ》・大阪《おおさか》とともにわが国の三大貿易港の一で、港の設備がよくととのい、太平洋やインド洋を往来する大きな汽船が、自由に出入しています。東京に近く、その間の交通が便利ですから、いわば東京の港として利用《りよう》されたことが、この港の大きく発展するもととなったのです。明治時代になるつい前、外国貿易のために開港《かいこう》されるまでは、ほんのさびしい漁村《ぎょそん》であったのが、今では人口約百万の大都市となりました。横浜には水上《すいじょう》飛行場が

横浜港

あって、わが南洋群島《なんようぐんとう》その他へ、航空路を通じています。

東京と横浜との間にある川崎は、ちょうど京浜工業地帯の真中《まんなか》に当っているので、近年すばらしく発達し、小さな町から、急に人口がふえて、今ではその数三十万の工業都市となりました。こうして東京・川崎・横浜は、ほとんど町続きとなってしまいました。

多摩川の川口附近や東京湾の東岸では、浅瀬《あさせ》を利用してのりの養殖《ようしょく》が盛んです。もとは東京の海岸でも行われ、のりは昔から東京の名産であります。東京から東の方、千葉《ちば》附近にかけての東京湾岸も、交通が便利となるにつれて都市が発達し、近時、工業が興《おこ》っています。

のり乾場

東京の西、中央本線に沿う浅川《あさかわ》には、大正天皇の御陵《ごりょう》があります。

三浦《みうら》・房総の二半島は気候がよく、特に冬、暖かですから、休養保健《きゅうようほけん》のために東京から出かける人がたくさんあって、そのために発達した町も少くありません。この二半島及び附近は、こうした気候に恵《めぐ》まれていますから、野菜や草花が盛んに作られ、またびわや梨《なし》などの果物《くだもの》もできて、いずれも主に東京の市場へ送られます。冬でも、戸外《こがい》に美しく咲いている草花を見ることができます。

三浦半島の東岸にある横須賀《よこすか》は、名高い軍港《こう》です。東京湾の入口を扼《やく》して、東京の防備《ぼうび》上大切な位置を占め、東京との交通もまたたいそう便利であります。相模湾岸の鎌倉《かまくら》は、三面に山をめぐらし、南に海をひかえたところで、この要害《ようがい》をえらんで、七百五十年の昔鎌倉幕府が開かれたのです。名高い神社や寺院《じいん》が多く、いたるところ史蹟《しせき》があって、見るもの聞くものが歴史をしのばせます。平塚《ひらつか》附近には、近時、工業が興っています。

利根川

利根川は、関東平野を流れて太平洋に注ぐ大きな川です。長さでは信濃《しなの》川におよばないし、朝鮮《ちょうせん》にはもっと長い川がいくつもありますが、多くの支流《しりゅう》を集めて広い平野をゆったりと流れているこの川には、たしかに大河《たいが》のおもむきがそなわっています。

この川は、関東平野の北にそびえている山地の奥《おく》深い谷に発して、平野の真中をななめに横ぎり、やがて東へ流れるのですが、その間、あちこちから注ぎこむたくさんの支流や、下流地方にある大小の湖沼《こしょう》は、いわば利根川の引きつれる一族とも見なすことができます。

利根上流の谷々をさかのぼり、やがて山を越えるいくつもの峠《とうげ》道では、碓氷《うすい》峠とか清水峠とか、昔から有名なものがあります。急《きゅう》な坂を登るのですから、そこに通じている鉄道にはたく

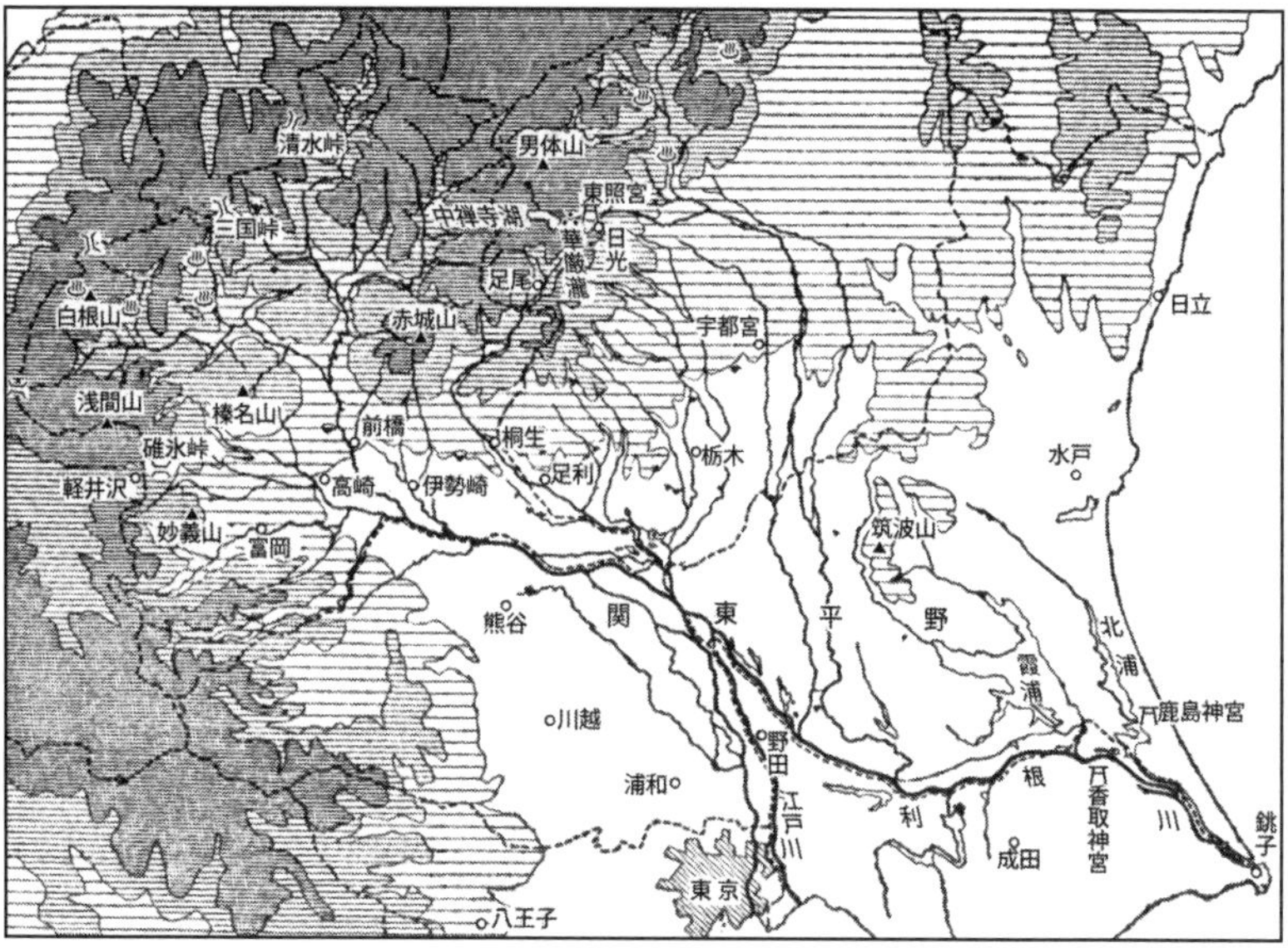

利根川

さんのトンネルがあり、中でも上越線の清水トンネルは、長いことにおいてわが国第一であります。また信越本線が碓氷峠を越えるところには、アプト式といって線路に歯止めが仕組んであります。

利根上流の山地には、那須《なす》火山帯《かざんたい》が通っていますから、浅間《あさま》・榛名・赤城・男体《なんたい》・那須など、たくさんの火山があり、温泉《おんせん》が各地にわき出ています。中でも、伊香保《いかほ》・塩原《しおばら》などはよく知られた温泉です。浅間山はたびたび爆発《ばくはつ》をするので、火山としても有名な山です。頂上《ちょうじょう》から絶《た》えず立ちのぼる煙は、遠くからでも見ることができます。ふもとにある軽井沢《かるいざわ》は、土地の高い高《こう》原《げん》で、夏涼しく、暑さをしのぐのに適《てき》しています。

男体山を中心に、多くの火山の集っている日《にっ》

華厳瀧

光《こう》には、中禅寺湖《ちゅうぜんじこ》や華厳瀧《けごんのたき》などがあって景色《けしき》がよく、その上、東照宮《とうしょうぐう》の美しい社殿《しゃでん》があって世界に有名です。近くの足尾《あしお》には大きな鉱山《こうざん》があり、銅《どう》の製錬《せいれん》を第一に、金や銀も産出します。

利根川の上流は、本流も支流も、岩にくだけうずを巻く急流ですから、最もよく水力発電《すいりょくはつでん》に利用され、その電気は主に東京へ送られます。この川が平野へ出ると、急に水勢《すいせい》がゆるやかになり、広い河原《かわら》を作って、田や畠の間をゆっくりと流れます。沿岸には村や町が多く、道路や鉄道が、岸に沿い川を横ぎって四方に通じ、車馬の往来がにぎやかです。昔は川船が盛んに上下《じょうげ》し、人や荷物を運び、川岸の所々《しょしょ》に港が発達して、その水運は、もっぱら関東平野の交通上大切でありましたが、鉄道や自動《どう》車の便がよくなった今日では、下流地方をのぞくほか、あまり利用されなくなりました。

下流へ行くにつれて、川幅は広くなり水量《すいりょう》は豊《ゆた》かになって、霞浦《かすみがうら》その他の湖沼と水路が続き、大小の運河がまた沿岸の低地を網の目のようにぬって、そのへん一帯どこを見ても水ばかりになります。いたるところ船の利用されるこのあたりでは、船が車や馬の役をしているわけです。

鹿島神宮

霞浦は平野にある大きな湖ですが、平野の中の大きな湖は、わが国にはごくまれで、霞浦は、いかにも利根川にふさわしい湖です。北に近く筑波山がそびえて、湖岸《こがん》の景色《けしき》に変化《へんか》を与えています。

利根川の下流には、武勇《ぶゆう》の神として、有名な鹿島《かしま》神宮・香取《かとり》神宮のおごそかな社殿があって、国民に深く敬《うやま》われています。成田《なりた》には不動尊《ふどうそん》があって、参詣《さんけい》する者が多く集ります。

利根川の川口にある銚《ちょう》子《し》は、漁港として知られ、また江戸川沿岸の野田《のだ》とともに、醤油《しょうゆ》の製造がたいそう盛んであります。

利根川の下流

四　東京《とうきょう》から神戸《こうべ》まで

東京から江戸へ行く東海道《とうかいどう》本線は、わが国鉄道の幹《かん》線中でも特に多く利用《りよう》され、いわば幹線の代表《だいひょう》とも見られます。沿《えん》線はいたるところ産業《さんぎょう》が盛《さか》んで、大きな都市が発達し、人口《じんこう》もわが国でいちばん密度《みつど》の高いところです。東海道本線を走る汽車の窓から、移り行く景色《けしき》を眺めて、その美しさを楽しむとともに、なお産業・交通《こうつう》・都市などのようすについても、いろいろ学《まな》ぶことができるのです。

富士《ふじ》と箱根《はこね》

東海道本線によって東京から神戸へ行く途中で、だれでもいちばん心を引かれるのは富士山でしょう。富士山はずいぶん遠くから見える山であり、見る場所によってそれぞれのおもむきがありますが、駿河《するが》湾の沿岸では、すそ野から頂上《ちょうじょう》までの全体のすがたを、近く仰《あお》ぎ見ることができます。私たちは、富士山を見てただ美しい山だと感じるだけ

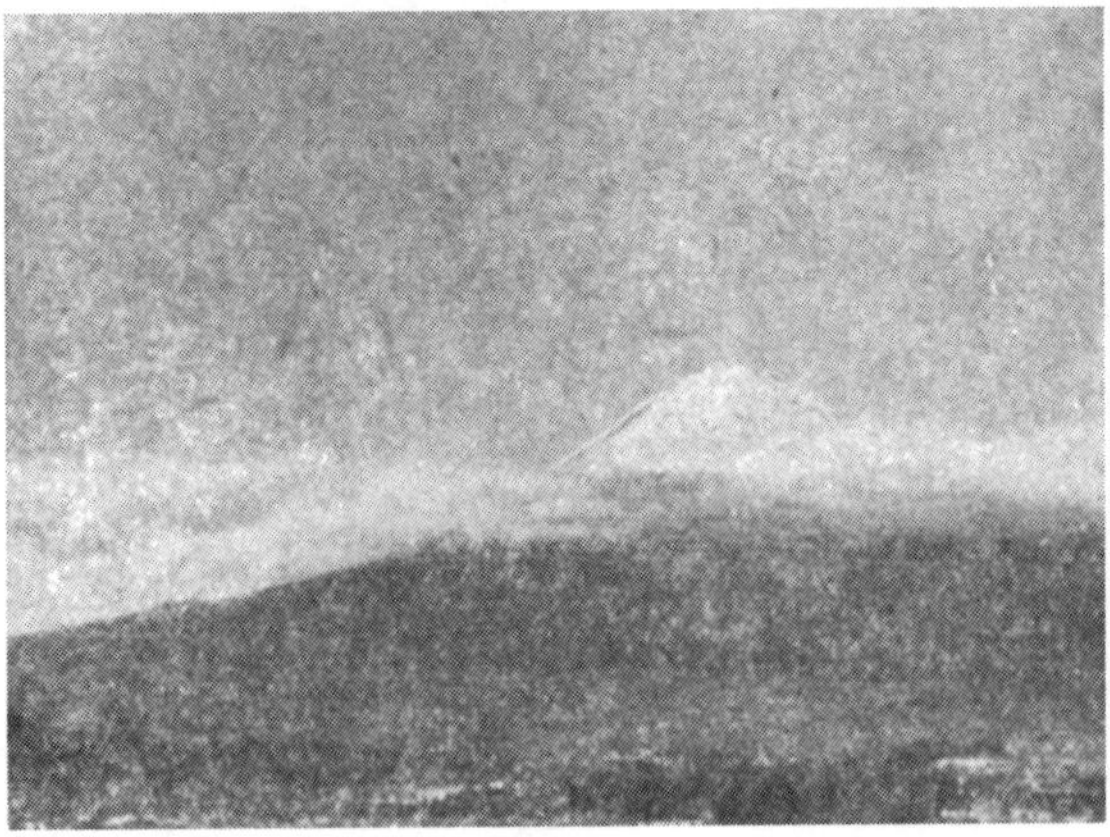

富士

箱根火山の地形

ではなく、何ともいえない気高《けだか》さ、尊《とうと》さをおぼえます。富士を霊峰《れいほう》とよぶのは、日本人のこの気もちを最《もっと》もよくあらわしていると思われます。

　富士に近い箱根も有《ゆう》名《めい》な火山《かざん》で、ともに富士火山帯に当っています。箱根には火山にともなういろいろな地形《ちけい》が見られ、美しい景色に変化《へんか》を与えています。また行く先々に温泉《おんせん》があるし、史蹟《しせき》もあって、たずねる人が特に多いのです。箱根は昔の東海道の旅で、いちばんの難所《なんじょ》とされたところで、そのけわしい山道と、芦湖《あしのこ》の岸にあった関所《せきしょ》とは、有名なものでし

箱根

た。昔から小田原《おだわら》と三島《みしま》とが東西の登山口《とざんぐち》で、今では小田原から、東海道本線にれんらくする登山電車が通じています。

箱根の山地は、南へのびて伊豆《いず》半島にはいっていますが、この半島にも各地に火山があり、また熱海《あたみ》・修善寺《しゅぜんじ》を始め、たくさんの温泉があります。すべてこれらは、富士火山帯の通っているところです。なおこの半島の東の海上に、煙を吐《は》いてそびえている大島《おおしま》の三原山《みはらやま》を始め、伊豆七島の島山《しまやま》もこの火山帯に当る火山で、それらは、時々爆発《ばくはつ》することがあります。

富士火山帯はさらに南へのびて、父島・母島などのある小《お》笠原群島《がさわらぐんとう》へ続いています。

伊豆七島・小笠原群島は、いずれも東京府《ふ》に属《ぞく》していますが、位置《いち》がずっと南にある上、暖流《だんりゅう》が流れているので、たいそう暖かです。殊に、小笠原群島には熱帯《ねったい》の植物が茂《しげ》り、さとうきび・バナナ・パイナップルなどを産し、また近年は、いろいろな野菜《やさい》類が盛んに作られます。気温が高く、野菜は

熱海

季節《きせつ》よりも早くできるので、東京方面へ送られます。

伊豆七島・小笠原群島は、わが本土《ほんど》から南の方太平洋上に長く連《つら》なる島々で、軍事上きわめて大切《たいせつ》なところです。また本土と南洋《なんよう》群島とをれんらくする交通からいっても、だいじなところで、父島の二見港《ふたみこう》は、この方面でいちばんよい港です。

みかん山と茶畠

伊豆半島の北部から駿河湾の沿岸には、いたるところにみかん山があります。山や岡《おか》の傾斜《けいしゃ》地を切り開いた段々畠《だんだんばたけ》に、青々《あおあお》としたみかんの木が茂りあっています。冬の初めごろになると、色づいた鈴《すず》なりのみかんが、畠を黄色に色どって、いっそう美しく目にたちます。そのころからこのあたりの駅《えき》では、各地へ送り出すみかんの箱が山と積まれるのが見られ、またみやげとしてのみかんを駅々《えきえき》で売っています。清水《しみず》の港から外国へも積み出されます。静岡《しずおか》県は、西の和歌山《わかやま》県とともに、わが国でいちばん多くみかんを産するところです。

また、駿河湾の岸から浜名湖《はまなこ》附近にいたる間は、茶の栽培《さいばい》の

みかん山

茶畠

たいそう盛んなところで、山のふもとの傾斜地や岡の上などは、どこもかしこも茶畠です。特に大井《おおい》川の下流《かりゅう》あたりがその中心地で、広い岡の上は、見渡すかぎり茶畠が続き、きれいに刈りこんだ茶の木がきちんと並んでいます。富士にまだ雪の白く残っている春の茶摘時《つみどき》になると、どこの茶畠もにぎやかです。そこで、製茶業はこのへん各地で行われ、静岡県は、内地の茶の産額《さんがく》の半分以上を出しています。静岡は製茶の中心地で、大きな工場がいくつもあり、茶の取引も盛んで、いわば茶の町といってよいでしょう。

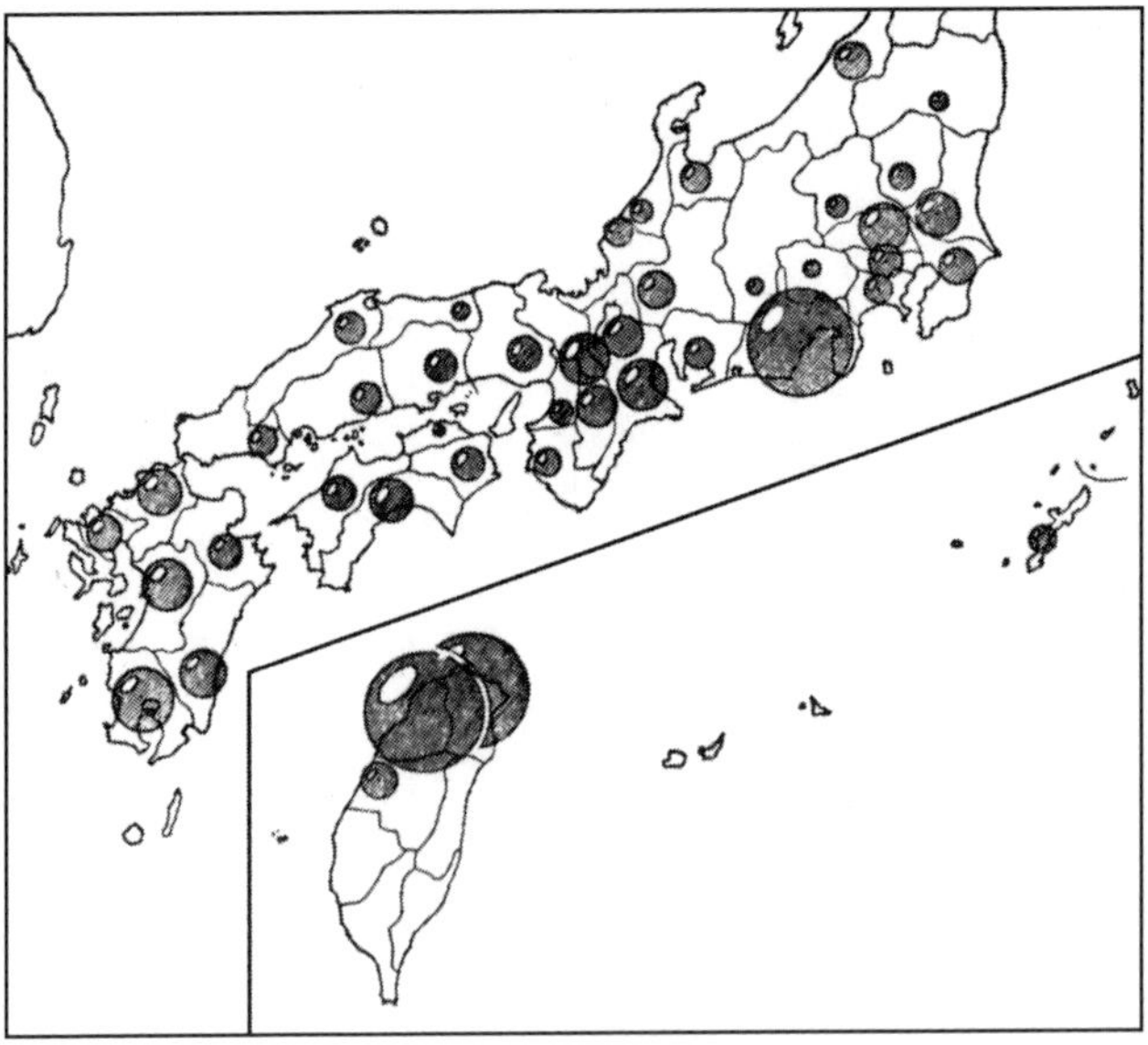

茶畠の分布

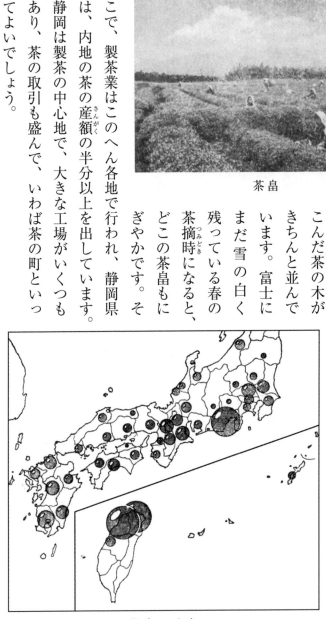

茶やみかんの栽培の盛んな駿河湾の沿岸から、浜名湖附近にかけての地方、及びその西の名《な》古屋《ごや》との間には、沼津《ぬまづ》・清水・静岡・浜松《はままつ》・豊橋《とよはし》・岡崎《おかざき》などのおもだった都市があり、それらの都市及び附近には、いろいろな工業が興《おこ》って、ずいぶん活気《かっき》を示《しめ》しています。この地方は、東の京浜《けいひん》と、西の名古屋と、二大工業地のちょうど中間《ちゅうかん》に当り、しかも交通の便利《べんり》なところで、いわば両方《りょうほう》の工業地からさしのべられた手が、このへんでつなぎ合わされているといった感があります。

浜名湖は景色がよく、魚類の養殖《ようしょく》が盛んです。浜名湖から西へ豊橋・岡崎をすぎると、やがて行く手に濃尾平野《のうびへいや》が広々と開けます。

濃尾平野と伊勢海《いせかい》

木曾《きそ》川の下流から、知多《ちた》半島附近にかけての広い平野が濃尾平野で、三面は山地にかこまれ、南の方は伊勢海に開いています。この平野は、木曾川の川口附近を越《こ》えて伊勢海の西岸にある伊勢平野に続いています。

濃尾平野とその附近は、古来《こらい》交通上大切なところで、多くの街道《かいどう》がここに集っています。東海道を始めとして、まわりの山地からこの平野に流れくだる川々に沿って通じる道や、伊勢平野を通る道などの組み合う十字路ともいうべき地方であり、その上、昔の都京都《きょうと》に近かったために、いっそう交通上にも軍事上にも、大切なところとなっていたのです。従ってこの地方には、戦国時代の武将《ぶしょう》たちが勝敗《しょうはい》を争《あらそ》った古戦場が少くありません。桶狭間《おけはざま》や、関原《せきがはら》はその主《おも》な例《れい》です。

濃尾平野は、気候《きこう》がよく土地も肥《こ》えているので、農業《のうぎょう》が発達し、米や野菜がたくさんできます。桑畠も広く分布《ぶんぷ》し、養蚕《ようさん》が盛んですから、まゆ・生糸《きいと》を多く産出します。養鶏《ようけい》も早くから有名で、愛知《あいち》県は、わが国でもいちばん養鶏の盛んなところとなっています。

この濃尾平野の中心が名古屋です。まわりに広い平野をひかえ、南に深く入りこんだ海にのぞんでいる名古屋は、土地のようすから見て、東京とよく似たところがあります。もちろん濃尾平野は、関東《かんとう》平野ほど大きくはありませんが、同じく本州《ほんしゅう》にある主な平野であり、この平野が、名古屋という大きな都市を生んだといえるでしょう。名古屋は今や人口百三十万、東京・大阪に次《つ》ぐわが国第三の大都市で、近年の発展《はってん》ぶりは、実にすばらしいものがあります。

名古屋がもと城下町《じょうかまち》として発達したところであることも、また東京と同じで、天守閣《てんしゅかく》に高く輝《かがや》く金のしゃちは、新しい発展の勢《いきおい》を見せているようにも見えます。

城下町時代から交通の要地《ようち》であった名古屋には、東海道本線・中央《ちゅうおう》本線・関西《かんさい》本線などの主な鉄道が集り、電車も、町から平野の各方面へ通じています。さらに近年りっぱな築港《ちくこう》ができて、大きな汽船が自由に出入するようになり、名古屋はわが国屈指《くっし》の貿易港《ぼうえきこう》となりました。

港の少し北に、草薙《くさなぎ》の剣《つるぎ》をおまつりした熱田《あつた》神宮があります。昔はこのあたりが船着場《ふなつきば》で、東海道の旅はここから船で桑名《くわな》へ渡ったのです。

名古屋は、その附近とともにわが国の一大工業地帯であり、いろいろな工業が盛んで、機械器具工業・化学《かがく》工業・陶器《とうき》製造・紡織《ぼうしょく》工業などが行われています。一宮《いちのみや》・岐阜《ぎふ》・大垣《おおがき》などの都市が発達し、それぞれ附近の工業の中心となっています。

名古屋の北東にある瀬戸《せと》は、陶器の産地として古い歴史をもち、それが世に広まって、瀬戸物といえば陶器のことを指《さ》すほどですが、近年名古屋では陶器製造が盛んになり、その産額は瀬戸をしのぐようになりました。名古屋から瀬戸・多治見《たじみ》にかけては、わが国で最も盛んな陶器地帯となっています。

伊勢平野でも、四日市《よっかいち》・津《つ》・松阪《まつざか》などを中心に、近年工業が発達し、濃尾平野の工業の延長《えんちょう》と見ることができます。

熱田神宮

そうして、名古屋港は四日市港とともに、後《うしろ》にひかえた大工業地帯の製品を輸出《ゆしゅつ》し、その原料《げんりょう》を輸入するのです。

伊勢平野の南にある宇治山田《うじやまだ》は、神宮のおわしますところで、四時《しじ》参拝者が絶《た》えません。老樹《ろうじゅ》高く茂る神路山《かみじやま》のふもと、水とこしえにすむ五十《い》鈴《すず》川のほとりにある神域《しんいき》の神々《こうごう》しさは、筆にもことばにもつくされません。全国津々《つづ》浦々《うらうら》から集る参宮《さんぐう》の人たちで、昔から伊勢路《じ》はにぎわったものですが、今では鉄道の便がたいそうよくなっています。

琵琶湖《びわこ》のほとり

琵琶湖は、わが国でいちばん大きな湖で、滋賀《しが》県の面積《めんせき》の六分の一に当ります。県全体が琵琶湖を中心とした一つの大きな盆地《ぼんち》で、国の名をとって近江《おうみ》盆地といいます。

盆地の川は、みな琵琶湖に注ぎます。湖の西岸は、山がせまって平地も少いのですが、東岸には、湖に注ぐ川々の下流にできた平野があり、人口も密です。湖の水は、一部は南端《なんたん》から流れ出て淀《よど》川となり、一部は大津《おおつ》から疏水運河《そすいうんが》により京都へ引かれて、水運に利用され、また飲《いん》

名古屋の陶器工場

料水《りょうすい》ともなっています。

近江盆地は、その位置が、京都と東の地方とを結ぶ主な街道の通る道すじに当っていて、古来交通上、軍事上大切とされ、これらの街道が盆地に入る要所には、関所が設《もう》けられていました。また、琵琶湖は交通上よく利用され、大津を始め、沿岸には所々《しょしょ》に港があります。

琵琶湖を中にたたえた近江盆地は、いたるところ風景《ふうけい》がよく、盆地全体が一つの美しい風景画とも見られます。

琵琶湖は、盆地の気候にも関係が多く、夏の暑さと冬の寒さをやわらげていることに役立っています。

琵琶湖では漁業が行われるほか、魚類の養殖が行われ、殊に鮎《あゆ》はわが国諸地方の川に放すためにたくさん育てられ、元気のよい小鮎が、遠く各地へ送られて行きます。

湖岸の平野は土地がよく開け、品質《ひんしつ》のよい米が取れ、また菜種《なたね》を多く産します。北陸《ほくりく》に近くて雪の多い盆地の北部では、養蚕が盛んで、その中心の長浜《ながはま》は絹織物《きぬおりもの》の産地です。

琵琶湖と大津

米原《まいばら》は、東海道本線から北陸本線が分れるところ、彦根《ひこね》は城下町として発達したところで、りっぱな城が残っています。大津は湖上交通の中心で、市の内外には人造絹糸《じんぞうけんし》の大工場があり、わが国でもその主な産地となっています。

京都と奈良《なら》

京都と奈良は、ともにかつて帝都であったところで、それぞれ京都盆地及び奈良盆地の北部にあること、しかも市街がどちらも東側の山のふもとの方へ片寄っていることなど、互に似かよったところがあります。

かように京都も奈良も、盆地の北の端に規模《きぼ》の雄大《ゆうだい》な都がつくられたのですが、市街の西の部分はさびれ、東の部分が発達して、次第に山のふもとの方へ寄って行ったのです。

両盆地は、隣《とな》りの大阪《おおさか》平野とともに早く開けたところですから、人口もたいそう密で、交通機関もよくととのい、この三地方の往来は非常に便利です。

京都は一千余年の久しい間帝都として栄《さか》えたところですから、

平安神宮

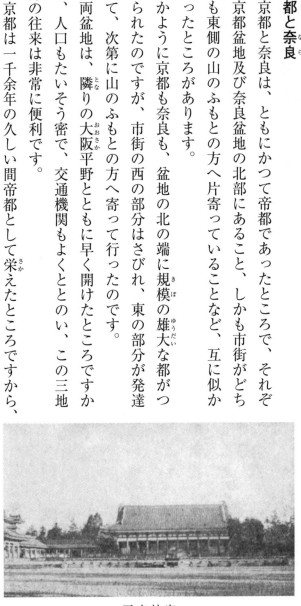

いたるところに名所・旧蹟《きゅうせき》があって、市全体が歴史的記念物ともいえるほどです。しかも交通の一大中心地で、近代都市としての発展も見るべきものがあり、今や人口は百十万をかぞえ、わが国第四の大都市であります。

町すじがごばんの目のようにきちんと東西・南北に通っているのは、都がつくられた時からの形が残っているからです。市中を北から南へ流れる賀茂《かも》川は、東京の隅田《すみだ》川と同じく、京都の町に風情《ふぜい》をそえていますが、隅田川のように水運の便はありません。

市内には京都御所《ごしょ》を始め、平安《へいあん》神宮、上下《かみしも》の賀茂神社、東西両本願寺《ほんがんじ》・知恩院《ちおんいん》・清水寺《きよみずでら》など名高い社寺がたくさんあります。美しい社殿《しゃでん》や堂塔《どうとう》の後《うしろ》に、東山《ひがしやま》のような円《まる》く重なり合う山々を望むところに、京都らしい、落ついた美しさと奥ゆかしさが感じられます。北東の方にそびえている比叡山《ひえいざん》には、名高い延暦寺《えんりゃくじ》があり、眺望《ちょうぼう》がよいので登《のぼ》る人が絶えません。

各種の学校、博物館《はくぶつかん》などがあって、わが国学術《がくじゅつ》の一中心地

清水寺

春日神社

となっており、また古くから美術工芸《こうげい》品の製作が有名で、絹織物・染物《そめもの》・陶器など、いずれも品質のすぐれたものを産します。市の南部に当る桃山《ももやま》には、明治天皇の御陵《ごりょう》、昭憲皇太后《しょうけんこうたいごう》の御陵があります。また附近一帯は、名高い宇治《うじ》茶の産地です。

奈良は、都が京都にうつされる前、七十余年の間帝都であったところで、古い文化《ぶんか》のはなやかに咲き匂《にお》ったところですから、市の内外の史蹟・名勝《めいしょう》をたずねると、そのころの繁華《はんか》なさまが、なつかしくしのばれます。有名な正倉《しょうそう》院《いん》・春日《かすが》神社・東大《とうだい》寺・興福《こうふく》寺などがあって、京都とともに、全国から訪《おとず》れる人がたくさんあります。

奈良の南西にある法隆《ほうりゅう》寺は、世界で最も古いしかも美しい木造建築物《もくぞうけんちくぶつ》で、たくさんの宝物《ほうもつ》とともに、一千三百年の昔の

法隆寺

文化の尊《とうと》い記念です。

盆地の南部地方には、古い皇居《こうきょ》のあとと御陵とが各地に拝されますが、特に畝傍山《うねびやま》のふもとに、神武天皇の御陵や橿原《かしはら》神宮を拝するとき、われわれは、二千六百余年の昔にたちかえって、御創業《ごそうぎょう》をさながらに仰《あお》ぎ、尊い御精神に打たれるのであります。

大阪と神戸

大阪平野の中央を流れ大阪湾に注ぐ淀川の川口に発達した大阪は、人口三百三十万、わが国第二の大都市です。大阪は古くから港町《みなとまち》として栄えたところで、町が南東部の低い台地《だいち》と、淀川沿岸の低地とに区別《くべつ》されることは、東京と似ています。ただ台地の部分は、東京の山手《やまのて》にくらべて、ずっとせまく、しかもこの部分は大阪での古い場所で、高津宮《こうづのみや》・四天王《してんのう》寺《じ》・大阪城その他の史蹟があります。低地は商工業区域で、そこは淀川の下流がくしの歯のように分れ、それらをつなぐ堀がまたいたるところに通じていて、町すじと川すじとが、

大阪の市街

影の形に沿うように組み合い、水面と陸面とどちらが広いかわからないほどです。大阪を水の都といい、橋の町とよぶのは、まことによくこの町のようすをいいあらわしています。

このたくさんの水路は、昔から、市内の交通に大きな役目をつとめて来ました。今でこそ、人の往来にはあまり利用されなくなりましたが、貨物《かもつ》はやはり川による輸送《ゆそう》が盛んで、たくさんの荷物船が活動しています。淀川は、単《たん》に大阪市内のために便利な水路を開いているばかりでなく、昔は大阪と京都の間の交通にも役立ち、沿岸には、りっぱな川の港さえ発達したほどでした。

大阪は、東京とともに最も工業の盛んなところで、いわば工業日本の東と西を代表しており、また商業についても同じことがいえます。ただ大阪は、町全体のはたらきがほとんど商業と工業とに集中《しゅうちゅう》されている点で、東京とはまたちがったおもむきがあります。

大阪を中心とし、ほとんど大阪湾の沿岸一帯に工業がひろ

大阪港

がっています。すなわち、大阪の西には尼崎《あまがさき》・西宮《にしのみや》・神戸などが、南には堺《さかい》・岸和田《きしわだ》などの工業都市が連なっています。これらは阪神《はんしん》工業地帯とよばれるわが国の一大工業地帯で、大きな工場があって、各種の工業品がたくさん製造されます。大阪港は、神戸港と相まって、この大工業地帯の製品を盛んに輸出し、原料を輸入する港で、横浜とともに、わが国の三大貿易港となっています。

大阪を中心として四方に通じている電車及び鉄道は、網の目のように発達しています。神戸との間はもちろん、京都や奈良との間もたいそう便利であり、また大阪平野の附近に多い名所・旧蹟との間にも、電車の往来がひんぱんです。

神戸は人口約百万、横浜と並ぶ大貿易港です。港として古い歴史をもっていることは横浜とちがう点ですが、今日のように大きく発展したのは、大阪という大商工都市をひかえているからで、そこに横浜、東京の関係と同じものがあります。天然《てんねん》の地形を利用して築港された神戸港は、港の設備《せつび》がと

神戸港

とのい、どんな大きな汽船でも自由に出入することができます。大きな造船所があるのはこの港にふさわしく、その他の工業もまた盛んです。

神戸は後《うしろ》に山をひかえ、平地が少いために、町は海岸に沿って帯《おび》のように細長くのびています。しかし町が発展するにつれて、家は次第に山の傾斜地をはいあがって行き、海岸から小高いところまで建物がずっと立ち並んで、特色《とくしょく》のある市街をつくっています。

神戸駅の近くに、菊水のかおりも高い湊川《みなとがわ》神社があって、とこしえに忠臣《ちゅうしん》のいさおを仰ぐのであります。

黒潮《くろしお》洗う紀伊半島

紀伊半島は、本州の太平洋沿岸につき出た大きな半島です。北の方は土地のよく開けた伊勢・奈良・大阪の諸平野に接していますが、半島はいたるところ山がちで、殊に中央は山深く、そこにそびえる高い山々は、昔から信仰《しんこう》による登山者《とざんしゃ》の多いところです。海岸も山が直ちにせまっているので、平地がごく少いのです。山地には名所・旧蹟が所々にあります。紀川《きのかわ》の上流にある吉野山は史蹟と桜とで名高く、中流附近にある高野山《こうやさん》には金剛峯寺《こんごうぶじ》があって、参詣者《さんけいしゃ》がたくさんあります。また、南の海岸近くには那智瀧《なちのたき》の名勝があります。

かように、半島の内部は大てい山地ですから、交通も不便で、産業もいっぱんに進まず、従って都市も発達していないのです。しかし、紀川や熊野《くまの》川の流域《りゅういき》には森林《しんりん》がよく茂り、杉の良材《りょうざい》を産するので、林業が盛んです。熊野川の川口の新宮《しんぐう》や、紀川の川口の和歌山《わかやま》はともに木材の集散《しゅうさん》地で、製材も盛んです。

有田《ありだ》川の沿岸を中心とした地方は、みかんの産地として有名で、いわゆる紀州みかんの本場《ほんば》です。

紀伊半島の沿岸は、古来漁業の盛んなところです。沿岸を洗う黒潮の流れには、いわし・かつお・まぐろ・ぶりなどの魚類が多く、また勇ましい捕鯨《ほげい》業もこの半島の南部海岸では、昔から有名です。

黒潮は、日本海流といわれる太平洋中の大きな暖流《だんりゅう》です。流れの色が黒みがかっていて、他の部分と区別されるところから、こうよばれるのです。赤道《せきどう》の北を西へ流れ、フィリピンの島々につき当って方向を北へ転《てん》じ、台湾《たいわん》や琉球列《りゅうきゅうれっ》島《とう》の沿岸を通って、九州《きゅうしゅう》・四国の南岸から紀伊・伊豆・房《ぼう》総《そう》の諸半島附近を東へ流れ、銚子《ちょうし》の近海から本州《ほんしゅう》をはなれ

吉野山

て北太平洋の沖へ向かうのですが、別にこの本流から分れて対馬《つしま》海峡を通り、本州・北海道《ほっかいどう》の日本海沿岸を北上《ほくじょう》する支流もあります。

この黒潮の通路に当るわが太平洋沿岸には、各地に漁港があって、それらの漁港を根拠《こんきょ》地とする漁船が、黒潮におどる魚群を追って遠く太平洋の真中までも乗出し、盛んに活動しています。

勇敢《ゆうかん》で漁業に巧《たく》みな日本人は、太平洋の諸地方ばかりでなく、インド洋方面までも進出して、いたるところすぐれた腕前をあらわし、世界一の水産国たる面目《めんもく》をよく発揮《はっき》しています。

かつおつり

五　神戸《こうべ》から下関《しものせき》まで

神戸から下関に至《いた》る山陽《さんよう》本線の通る地方は、山陽道とよばれて来たところで、京都《きょうと》・大阪《おおさか》方面と九州《きゅうしゅう》とをれんらくする地方として早くから開け、海岸の平野には各所に都市が発達しています。

神戸に起る山陽本線は、これらの都市を連《つら》ねて景色《けしき》のよい瀬戸内海《せとないかい》の沿岸《えんがん》を通り、下関に達するのですが、下関からは直ちに海底《かいてい》トンネルによって門司《もじ》に出て、九州の鉄道にれんらくするので、東京《とうきょう》から長崎《ながさき》や鹿児島《かごしま》へ直行《ちょっこう》する列車《れっしゃ》もあります。

また下関から朝鮮《ちょうせん》の釜山《ふさん》へも、鉄道れんらく船が通じています。

瀬戸内海

瀬戸内海は、本州《ほんしゅう》の南西部と四国《しこく》・九州との間にかこまれた細長い内海で、交通《こうつう》上大切《たいせつ》な位置《いち》を占《し》め、わが国で最《もっと》も早

瀬戸内海の風景

くから海上交通の発達したところです。

沿岸は非常《ひじょう》に出入が多く、岬《みさき》があればかならず湾があり、湾のほとりには港があります。またこの海全体にわたって、大小無数の島々がちらばっているので、いっそう船着きに適したところが多いのですが、本土《ほんど》と島との間や島と島との間には、狭《せま》い海峡《かいきょう》が次々にあるので、船の通路はなかなかふくざつです。その上、潮《しお》の干満《かんまん》の度《たび》ごとに、これらの海峡を潮流《ちょうりゅう》がはげしい勢《いきおい》で流れます。淡路島《あわじしま》と四国との間の鳴門《なると》海峡は、潮流のはげしいところとして有名《ゆうめい》です。この鳴門海峡や、下関海峡その他、瀬戸内海と外海とをれんらくする海峡は、軍事上特に大切なところであることを忘れてはなりません。

瀬戸内海の沿岸は、本州中でも雨の少い、晴天《せいてん》の多い地方で、かつ沿岸の山地も島山《しまやま》も花崗岩《かこうがん》の白い山はだを見せ、海岸の砂浜がまた白くかがやいていますので、全体として明かるい感じを与えます。そこに緑の松が連なり、青い海の色と相映《えい》じて、美しい景色をくりひろげます。砂浜には各地に塩田《えんでん》が続き、よく開けた田園《でんえん》が起伏《きふく》に富《と》んだ岡のふもとをめぐっています。瀬戸内海は、たしかにわが国の海の公園であります。

厳島神社

その上、源平《げんぺい》の古戦場としての屋島《やしま》や、名高い厳島《いつくしま》神社のある厳島を始め、沿岸や島には、史蹟《しせき》・名勝《めいしょう》の地が少くありません。

瀬戸内海は沿岸航路《こうろ》としてだけでなく、外国航路としても大切な道に当っているので、東の神戸・大阪、西の門司・下関などの大きな港の外、沿岸各地に良港《りょうこう》があって、汽船が絶《た》えず往《おう》来《らい》しています。従って瀬戸内海は海の公園であるとともに、わが国で最もにぎやかな海の街道《かいどう》ということができます。

瀬戸内海はまた、水産業の上からも大切な海です。そこにはたくさんの魚類が集り、いわば天然《てんねん》の養魚場《ようぎょじょう》といったおもむきがあります。従って、いろいろの魚類が取れますが、殊にたいはこの海の名産です。貝《かい》類の養殖《ようしょく》も各地で行われ、中でも広島《ひろしま》湾のかきは最も有名です。

塩田

遠浅《とおあさ》で砂浜がよく発達し、晴天の日の多い瀬戸内海の沿岸は、昔から製塩業が盛んで、いたるところに展開《てんかい》する塩田風景《ふうけい》は、今日、内地ではこの海のほかには見ることのできないものです。つまりわが内地の塩のほとんど大部分は、この地方でできるのです。赤穂《あこう》・防府《ほうふ》・坂出《さかいで》などはその中心地です。

なお沿岸や島々には、いろいろな果樹《かじゅ》の栽培《さいばい》が盛んです。気候《きこう》が果樹に適《てき》しているのと、いっぱんに山地が多くて田が少いので、傾斜《けいしゃ》地を利用《りよう》してその栽培に力を注ぐからであります。みかん・びわ・桃・梨《なし》・ぶどうなど、いろいろな種類のものを多く産し、各地に送り出しています。

沿岸の工業

瀬戸内海の沿岸では、近年各地に工業が大いに発達して来ました。そうして、これはやがて阪神《はんしん》と北九州との二大工業地帯を、だんだん結びつけて行くもののように思われます。

東の播磨《はりま》平野《へいや》は、すでに阪神工業地帯の延長《えんちょう》と見ることができ、明石《あかし》から姫路《ひめじ》附近へかけての沿岸には、いろいろな工場ができています。姫路は、この平野に多く取れる米の集散《しゅうさん》地であるばかりでなく、工業地として発達しています。市の中央《ちゅうおう》にある城はよく昔のおもかげを残し、そびえ立つ天守閣《てんしゅかく》

姫路城

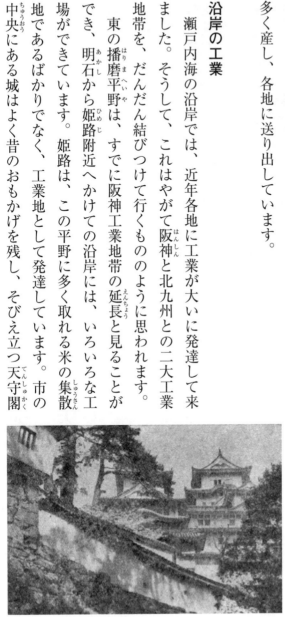

の美しさは、さすがに天下の名城《めいじょう》の名にはじません。附近の広畑《ひろはた》には、大きな製鉄所があります。平野の北にある西脇《にしわき》は、織物を多く産します。

さらに岡山《おかやま》・倉敷《くらしき》から福山《ふくやま》・尾道《おのみち》・三原《みはら》に至る地方にも、各種の工業が大いに興《おこ》っています。

広島は人口三十四万、広島湾の奥《おく》にある良港で、海陸の交通がよく、従って商工業が栄《さか》えています。呉《くれ》は瀬戸内海にある軍港で海軍の工廠《こうしょう》があって、広島とともに軍需品《ぐんじゅ》の製造が盛んです。

岩国の錦帯橋

岩国《いわくに》には大きな人絹《じんけん》工場があり、徳山《とくやま》には海軍の燃料廠《ねんりょうしょう》があります。また宇部《うべ》は石炭の産地に発達した新興《しんこう》工業都市です。宇部の北東にある山口《やまぐち》は史蹟に富んでいます。

下関は、対岸の門司とともに、瀬戸内海の西の口にある良港で、水陸交通の要地です。また漁業の大中心地として、水産物の集散が盛んですが、市の一部である彦島《ひこしま》には、造船その他の工業が行われています。

四国の瀬戸内海沿岸でも、近時都市を中心として、いろいろな新しい工業が発達して来ました。

なお農家の副業《ふくぎょう》として、岡山・広島二県には、たたみ表やござがたくさん作られ、この地方は、わが国でもその主な産地となっています。製品は岡山・福山・尾道などに集り、各地へ送り出されます。

中国《ちゅうごく》の牛

中国山脈は、いっぱんにけわしくない高原状《こうげんじょう》の山地ですが、中に火山のすそ野などもあって、いたるところ牧畜《ぼくちく》に適し、昔から農家の副業として、牛の牧畜がたいそう盛んです。

山脈の北側《がわ》の山陰《さんいん》地方にも、南側の山陽地方にも、それぞれ名高い牛の産地があります。これらの牧場は、北海道《ほっかいどう》や、本州北東部にある馬の大きな牧場とちがって、小さな牧場がたくさんあるのです。育てられた牛は、肉用あるいは運搬《うんぱん》用として各地へ送り出されますが、肉用としては神戸方面に送られるものが多く、また広島その他で、かんづめの製造に当てられるものもあります。所々《しょしょ》に牛市《うしいち》が立って取引され、中には遠くから集って来て、にぎやかな市が立つところもあります。

牛の牧場

北四国

四国は、瀬戸内海に面する北四国と、太平洋に面する南四国とに分けることができます。北四国は、南四国にくらべて海陸の交通が便利であり、人口も密《みっ》で、都市も発達しています。高松《たかまつ》附近の平野は、土地がよく開け、米や麦を多く産します。雨がわりあい少いので、播磨平野や大阪平野などと同じく、田に水を引くための貯水池《ちょすいち》がたくさんあります。海岸に塩田が発達し、また果樹の栽培が盛んなことは、山陽地方と同じです。

主な都市はたいてい港で、これらの都市をつなぐ鉄道が、ずっと海岸に沿って通じ、四国の主な鉄道となっています。これと山陽本線とをれんらくするため、高松と玉野《たまの》との間には、鉄道れんらく船が通っています。

高松は、交通上大切なところで、附近に屋島があり、西へ行けば坂出《さかいで》・丸亀《まるがめ》・多度津《たどつ》などの都市が連なっており、多度津の南には、有名な金刀比羅宮《ことひらぐう》の門前町《もんぜんまち》の琴平《ことひら》があります。

新居浜《にいはま》は、別子鉱山《べっしこうざん》によって発達したところで、近年新し

金刀比羅宮

く工業が興っています。別子鉱山は、わが国でも主な銅《どう》の産地で、鉱石は瀬戸内海にある四阪《しさか》島《じま》で製錬《せいれん》されます。さらに西には、西条《さいじょう》・今治《いまばり》・松山《まつやま》などの主な都市があります。また道後《どうご》は、古くから有名な温泉場です。

南四国

南四国は、北とちがってたいそう雨が多く、気候はいっそう暖かで、森林《しんりん》がよく茂《しげ》っていて、林産物に富んでいます。

陸の交通は、まだいっぱんに不便《ふべん》で、鉄道としては、多度津から南の山脈を越《こ》えて土佐《とさ》湾沿岸に至るものと、吉野《よしの》川に沿うものが主な線です。そのため、沿岸航路と自動車とが、その不便をおぎなっています。

四国を一まわりする巡礼道《じゅんれいみち》は、昔ながらに利用され、春の四国は巡礼の国であることを思わせます。

吉野川沿岸には、たばこの栽培が盛んです。下流の徳島は、この流域の物産の集るところで、阪神地方との取引が行われています。

まぐろの陸あげ

土佐湾沿岸には各地に漁港があって、かつおやまぐろなどがたくさん取れ、高知県は、かつおぶし、いわゆる土佐節《ぶし》の産地として知られています。高知は、この地方の中心都市として交通の要地となっています。

愛媛《えひめ》県の南部は養蚕《ようさん》が盛んで、製糸業《せいしぎょう》も行われています。宇和島《うわじま》は漁港で、また製糸業の一中心地です。

六　九州《きゅうしゅう》とその島々

九州は、その位置《いち》が内地でも西の端《はし》に当っているので、歴史上、支那《しな》や西洋《せいよう》の国々との交通《こうつう》に関係《かんけい》が深かったのですが、今後は東亜《とうあ》の諸地方とのれんらく上、いっそう大切《たいせつ》なところとなるでしょう。九州にとってその位置は昔も今も変らず、大切な意味《いみ》をもっています。

工業《こうぎょう》の盛んな北九州

九州でも北九州は、本州《ほんしゅう》の西の入口に当り、海陸の交通が非常《ひじょう》に便利《べんり》である上に、わが国でもいちばん大きな石炭の産地ですから、そこにすばらしく工業が発達したのです。中でも福岡《ふくおか》県には、遠賀《おんが》川流域《りゅういき》の筑豊炭田《ちくほうたんでん》、有明海沿岸《ありあけかいえんがん》の三池《みいけ》炭田の二大炭田があって、わが国で産する石炭の約半分をこの県から産出します。そのほか、佐賀《さが》・長崎《ながさき》の両県《りょう》からも石炭が出るので、北九州はたいそう石炭に恵《めぐ》まれたところです。

九州でも、北の端にあたる門司《もじ》・小倉《こくら》・戸畑《とばた》・八幡《やはた》・若松《わかまつ》などの都市が連《つら》なる地方は、いたるところ工場が立ち並んで、わが国の一大工業地帯《ちたい》を成し、重《じゅう》工業・化学《かがく》工業・食料品《しょくりょうひん》工業などが行われていて、その盛んなありさまは、汽車の上からでも、よく見ることができます。殊に八幡の製鉄所の大きいことは、だれでもびっくりするほどで、ここで使用する原料《げんりょう》の鉄鉱《てっこう》は、朝鮮《ちょうせん》・満洲《まんしゅう》・支那・マレーなどから運ばれて来るのです。門司・若松の二港は、この工業地帯の製品を内外各地へ積み出し、原料を輸入《ゆにゅう》するとともに、また筑豊炭田の石炭を多く積み出します。

　福岡は、人口《じんこう》三十万、九州第一の都市で、港町《みなとまち》としての博《はか》多《た》の名は古くから著《あらわ》れています。近くに炭田があるので、新しい工業が興《おこ》り、また昔から名高い博多織《おり》を産します。久留《くる》米《め》がすりで知られた久留米は、交通の要地《ようち》として商工業が盛んです。大牟田《おおむた》は、三池炭田のために発達した都市で、化学工業を始め、いろいろな工業が新しく興っています。市の一部に三池港があって、石炭を盛んに積み出し、また唐津《からつ》や長崎からも、附近の石炭が多く積み出されます。

　長崎は、わが外国貿易《がいこくぼうえき》の歴史に特に縁《えん》の深い港で、大きな造船所があり、機械その他の製造も盛んです。佐世保《させぼ》は、軍港として発達したところで、海軍の工廠《こうしょう》があります。その東の有田《ありた》は、陶器《とうき》の産地として昔から名高いところです。

　小倉から南東の瀬戸内海沿岸にも、次第に工業が発達し、

福岡の市街

宇佐神宮

中津《なかつ》はその一中心地です。中津の東にある宇佐《うさ》神宮は、和気《わけの》清麻呂《きよまろ》の忠誠《ちゅうせい》と結んで、だれ知らぬものもない社です。別府《べっぷ》湾岸の大分《おおいた》は、日豊《にっぽう》本線のほか、久留米や熊本《くまもと》との間に鉄道が通じていて、交通の要地となっています。

工業が大いに栄《さか》え、人口も密《みつ》で、都市も多い北九州には、交通がよく発達しています。門司から起る鹿児島《かごしま》本線と、小倉から起る日豊本線とは、鹿児島で出あって九州を一周《いっしゅう》する幹《かん》線をなし、また鹿児島本線から分れる長崎本線も、主な線となっています。

これらの幹線の集る北九州では、その支線が各地に通じ、殊に筑豊炭田地方のたくさんの炭坑《たんこう》町をつなぐ線が、網の目のように発達しています。

北九州は海岸の出入が多く、いたるところに湾があり、主な都市はたいてい良港《りょうこう》で、各地に航路《こうろ》を通じていますから、海上の交通もたいそう盛んです。

福岡はわが国の航空路《こうくうろ》の一中心で、満洲や支那へ、また台湾《たいわん》を経て南方諸地方へ、航空路を通じています。

筑紫《つくし》平野と熊本平野

九州でいちばん大きな筑後《ちくご》川の流域にひろがる筑紫平野は、九州一の広い平野で、これに次ぐ熊本平野とともに、農産物が非常に豊《ゆた》かです。特によい米がたくさん取れ、他の地方へ盛んに送り出します。また、麦や菜種《なたね》も多く産します。

筑紫平野では佐賀と久留米、熊本平野では熊本が中心都市で、ともに米の取引が盛んです。三市とも、城下町《じょうかまち》として発達したもので、殊に当時《とうじ》の城として熊本城は有名《ゆうめい》です。

筑紫平野は、関東《かんとう》平野などとちがって、土地の大部分がごく低く平らですから、見渡すかぎり田が連なり、みぞが無数に通じていて、それがこの平野の一つの特色《とくしょく》をなしています。筑紫・熊本の両平野は人口がきわめて密で、北九州工業地帯とともに、九州でもいちばん密な地方となっています。

阿蘇《あそ》と霧島《きりしま》

九州は、阿蘇火山帯《かざんたい》や霧島火山帯《かざんたい》が通っていますから、火山がたくさんあります。中でも、阿蘇山と霧島山とはその代表的《だいひょうてき》なもので、そのほか島原《しまばら》半島の雲仙岳《うんぜんだけ》や、鹿児島湾内の桜島《さくらじま》なども有名な火山です。桜島は、もと鹿児島湾の奥《おく》にある火山島でしたが、大正三年の大噴火《ふんか》の時、流れ出た溶岩《ようがん》のために、大隅《おおすみ》半島と地続《じつづ》きになりました。

阿蘇山の旧火口《きゅうかこう》は、東西十八キロ、南北二十四キロ、世界に例《れい》のないほどの大きなもので、その中央にまたいくつかの新しい火口丘《きゅう》ができ、その一つが今なお盛んに煙を吐《は》いているのです。これらの火口丘と、旧火口壁《へき》との間は平地になり、村や町がいくつもあります。

これらの火山のあるところは、すべて景色《けしき》がよく、附近にはたいてい温泉《おんせん》があるので、各地からたくさんの人がやって来ます。殊に別府《べっぷ》は、温泉町として世界的に有名なところです。

火山の中腹《ちゅうふく》や、すそ野には広い原野《げんや》があって、牧場《ぼくじょう》に適《てき》しますから、阿蘇・霧島・雲仙など、いずれもりっぱな牧場があり、牛や馬が飼われています。九州はいっぱんに牧畜が盛んで、牛も馬もたくさんいます。

阿蘇山の噴火口

神代をしのぶ南九州

九州をななめに横ぎる九州山脈を境《さかい》として、その南にある南九州は、北九州にくらべていっそう暖かく、雨もまたずっと多く降ります。この関係は、四国の南と北の場合とよく似ています。

南九州は、瓊瓊杵尊《ににぎのみこと》の御降臨《ごこうりん》以後神武天皇の御東征《とうせい》に至るまでの歴史を伝える地で、われわれをして遠く御代をしのばせ、国史の尊《とうと》い根元《こんげん》に思いをひそめさせるのであります。

この地方では、北九州のような商工業の発達は見られませんが、農業や牧畜は盛んに行われています。北九州とちがって田よりも畠が多く、さつまいもがたくさん作られます。鹿児島県は、たばこの産地として知られています。

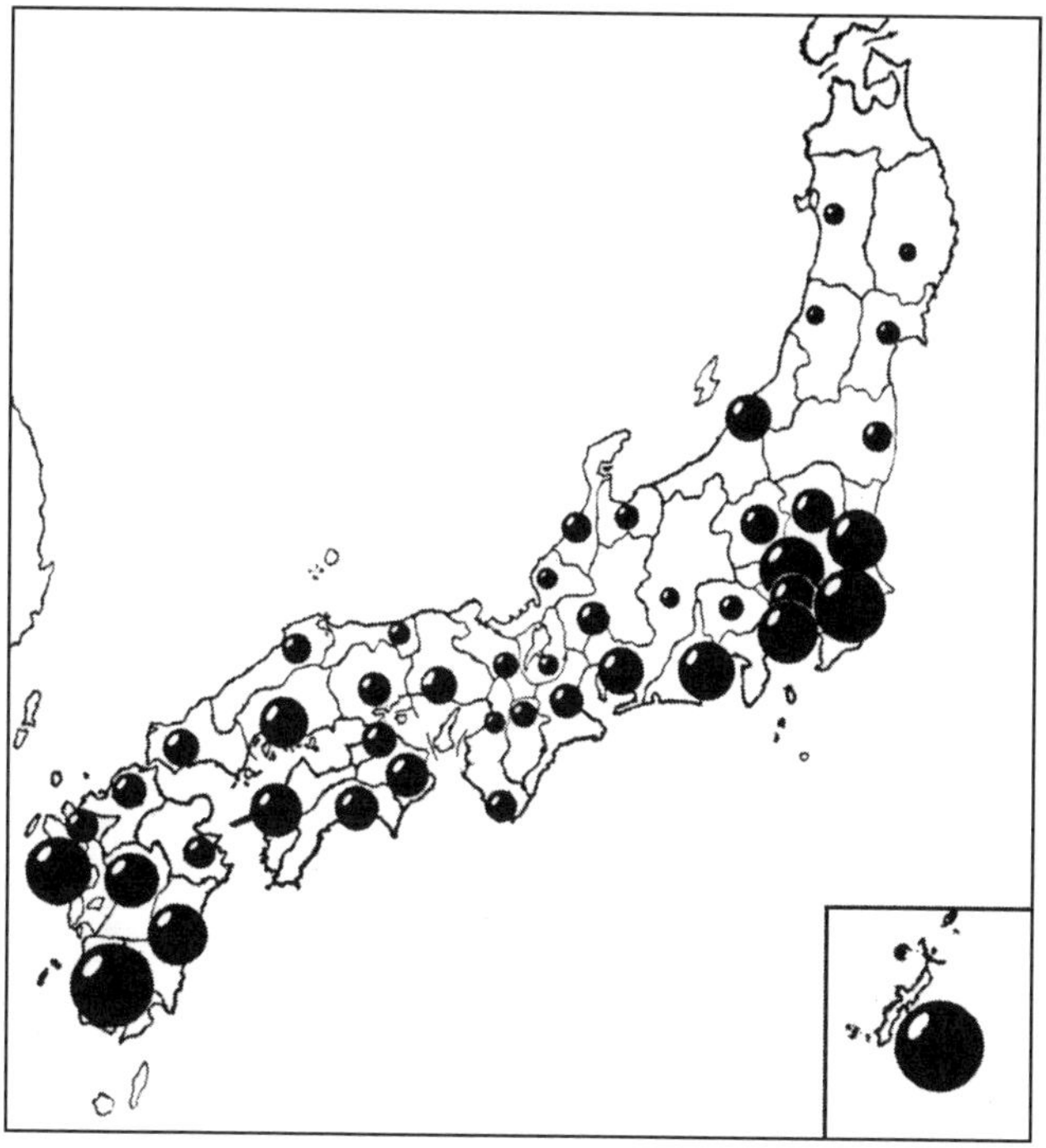

さつまいもの分布

鹿児島県には金・銀や錫《すず》を産し、宮《みや》崎《ざき》県から大分県にかけての九州山脈中にも、金・銀・銅《どう》・錫などの鉱山《こうざん》があります。佐賀関《さがのせき》には大きな製錬《せいれん》所があって、盛んに金・銀・銅を製錬しています。また、九州山脈には森林《しんりん》がよく茂り、木材を始め、木炭・しいたけなどがたくさん出ます。なお、近年この山脈中、所々に水力発電所《すいりょくはつでんしょ》が作られ、附近の都市に新しい工業の発達をうながすようになりました。

鹿児島は、南九州第一の都市で、鹿児島湾にのぞみ、桜島と相対してたいそう景色がよく、絹織物・陶器などを産します。南九州での海陸交通の一中心ともなっています。宮崎は、大淀《おおよど》川の下流にある平野の中心地で、米の取引が行われます。附近一帯には史蹟《しせき》がたくさんあって、太古《たいこ》に開けた地方であることを物語《ものがた》っています。北の延岡《のべおか》では、水力電気を利用し、人造絹《じんぞうけん》糸《し》・肥料《ひりょう》などの工業が行われています。

琉球《りゅうきゅう》その他の島々

九州本土《ほんど》の南には、台湾との間に薩南諸島《さつなんしょとう》・琉球列島が長く連なっており、北には、朝鮮との間に壱岐《いき》・対馬《つしま》、西には五島《ごとう》、その他大小の島々がたくさんあります。

薩南諸島・琉球列島は気温が高く、熱帯《ねったい》植物が茂り、さとうきびの栽培《さいばい》が盛んで、内地第一の砂糖《さとう》の産地です。また、さつまいもがたくさん取れ、米の少いこの地方の住民《じゅうみん》の食料として大切です。これらの島々では、家ごとに豚《ぶた》を飼い、わが内地として特に豚の多いところとなっ

鹿児島と桜島

琉球の民家

ています。

　薩南諸島の主な島は大島《おおしま》で、絹織物を産し、種子島《たねがしま》は、始めてわが国に鉄砲が伝えられたところとして有名です。

　琉球列島の主な島は沖縄《おきなわ》島で、那覇《なは》・首里《しゅり》の二市があり、那覇は列島第一の良港です。琉球列島は、わが国でも殊に台風《たいふう》の多い地方ですから、家はとくべつに丈夫《じょうぶ》に作られ、まわりに高い石垣をめぐらすなど、風に対するいろいろの注意が施《ほどこ》してあります。

　元寇《げんこう》の昔を思い起させる壱岐・対馬は、今日、軍事上非常に大切なところで、また五島とともに漁業の根拠《こんきょ》地となっています。従って、長崎県はわが国でも漁業がたいそう盛んで、同県のするめは、鹿児島県のかつおぶしとともに著《あらわ》れています。

　九州の島々からは、遠く海外へ進出して、漁業その他に活動《かつどう》しているものがたくさんあります。

那覇港

七　北陸《ほくりく》と山陰《さんいん》

北陸は、新潟《にいがた》・富山《とやま》・石川《いしかわ》・福井《ふくい》の諸県をふくむ地方をいい、山陰は福井県から西の方、中国山脈の北側《がわ》を占《し》める一帯《いったい》の地方をいいます。両《りょう》地方とも日本海に面し、後《うしろ》に山地をひかえ、その山地を南へ越《こ》えた太平洋側や、瀬戸内海《せとないかい》側とは、気候《きこう》その他いろいろな点でちがっていて、本州《ほんしゅう》日本海沿岸《えんがん》としての特色《とくしょく》をあらわしています。

雪の北陸

冬、雪の多い日本海沿岸でも、北陸は特に雪が深く積ります。屋根よりも高く積る地方もあるほどで、野も村も町も全く一面の雪に埋《うず》まってしまう有様《ありさま》は、暖かい地方の人たちにはほとんど想像《そうぞう》もつかないでしょう。

かように雪の多い地方ですから、冬の交通《こうつう》は困難《こんなん》であり、産業上にも、いろいろのさしつかえが起ります。いっぱんに冬は田や畠の耕作《こうさく》ができません。そこで、長い冬を利用《りよう》して

北陸の雪

各種の副業《ふくぎょう》をいとなみ、それが今では大きな産業となっているところもあります。そのほか、いろいろな点で、北陸の生活《せいかつ》は、雪と深い関係《かんけい》があるのです。

米と石油《せきゆ》の越後《えちご》平野

信濃《しなの》川の下流《かりゅう》にある越後平野は、わが国でも主な農業地で、殊に米が多く取れます。新潟県は、わが府県中第一の米の産地で、東京をはじめ諸地方へ、たくさん送り出します。

越後平野やその附近では、絹《きぬ》・麻《あさ》・人絹《じんけん》などの織物業が各地に行われています。もとは、農業の余暇《よか》を利用した副業から発達して、今日の盛大《せいだい》を見るようになったのです。

またこの平野は、石油の産地として知られ、秋田《あきた》県とともにわが国の石油の二大産地となっています。柏崎《かしわざき》・長岡《ながおか》・新津《にいつ》・新潟などには製油所《せいゆしょ》があって、石油を精製します。なお新潟県の鉱《こう》産物として、佐渡《さど》の金は古くから有名《ゆうめい》です。

信濃川の川口の港として発達した新潟は、近ごろ築港《ちくこう》が新しくでき、朝鮮《ちょうせん》北部の港を通って、満洲《まんしゅう》との貿易《ぼうえき》が盛んにな

新潟県の油田

りました。新しい工業も興《おこ》って、活気《かっき》を示しています。

上越線《じょうえつせん》や信越本線《しんえつほんせん》は、越後平野と関東平野《かんとうへいや》とを結び信越本線と直江津《なおえつ》で出あう北陸本線は、越後平野と京都《きょうと》・大阪《おおさか》方面とをれんらくしています。

直江津に近い高田《たかだ》は、雪の深いところとして知られ、附近の平野の中心地です。直江津から北陸本線で西へ向かうと、けわしい崖《がけ》の海岸を通って富山平野へはいります。

立山連峰《たてやまれんぽう》を望む富山平野

まわりに山をめぐらし、前に湾をひかえた富山平野は、田が一面にひろがり、北陸では、越後平野に次ぐ米の産地で、他地方へたくさん送り出します。

富山平野をめぐる山地のうちでも、東側は特に高く、そこにそびえている立山連峰を望む景色《けしき》は、まことに雄大《ゆうだい》です。高い山地を流れくだる川々は急流で、かつ水量《すいりょう》が多いため、いたるところ水力発電《すいりょくはつでん》に利用され、その電力によって、富山・高岡《たかおか》・伏木《ふしき》などにはいろいろな新

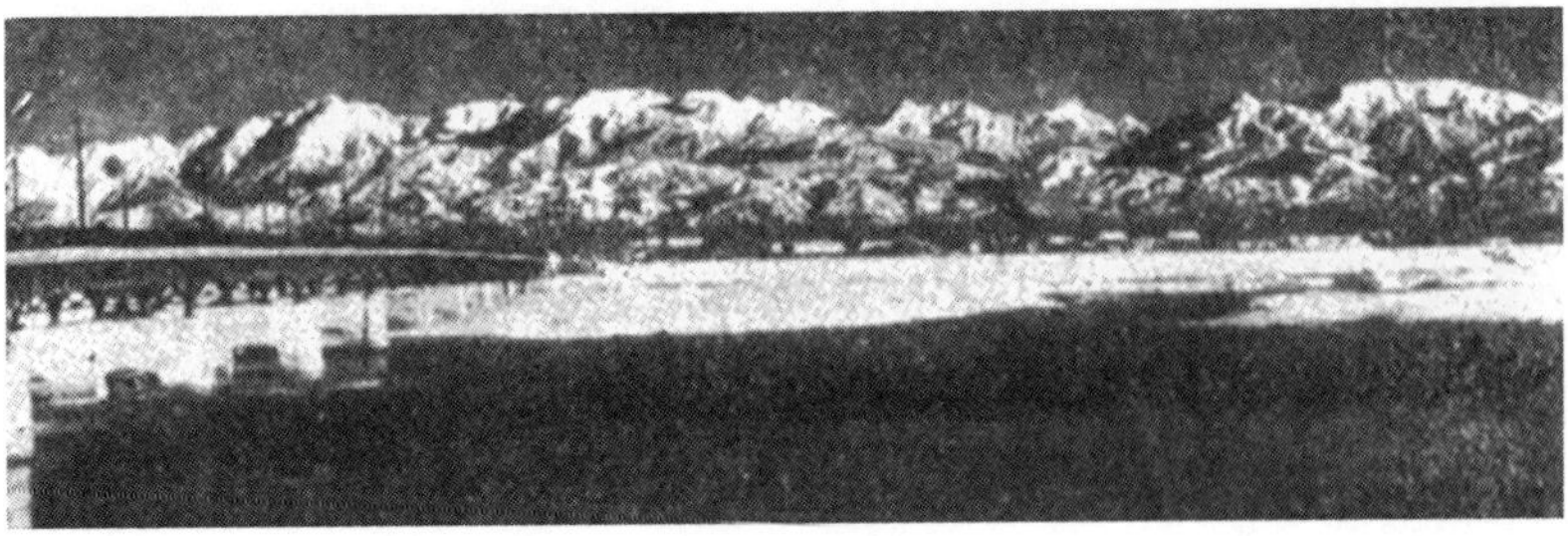

立山連峰

しい工業が興っています。その電気はまた、東京・大阪などにも送られます。富山平野及びその附近では織物業が盛んですが、昔から有名なのは製薬《せいやく》で、各地に行われ、富山はその中心地となっています。伏木は、この平野の港として米を積み出し、また朝鮮や満洲との取引も行われています。

羽二重《はぶたえ》の産地

北陸本線は、富山平野から南西へ向かい、金沢《かなざわ》・福井・敦賀《つるが》などの都市を通って近江盆地《おうみぼんち》へはいるのですが、その道すじに当る石川・福井の両《りょう》県は、羽二重の産地として知られています。殊に、福井県はその製造が盛んで、わが国第一の産額《さんがく》を示し、原料《げんりょう》の生糸《き》《いと》は全国各地から集ります。石川県は、これに次ぐ産地です。なお、両県には人絹織物の生産が多く、これも福井県・石川県の順《じゅん》で、わが国第一であります。

北陸第一の都市である金沢は、附近一帯の地方とともに、羽二重・人絹織物及び陶器《とうき》を産し、福井は羽二重の町ともいわれるほどで、県内の盛大な織物業の中心地となっています。

天橋立

若狭湾《わかさ》は海岸の出入が多く、東部には敦賀の良港があり、西部の東舞鶴《ひがしまいづる》には軍港があります。また宮津湾《みやづ》の奥《おく》には、風景地《ふうけい》として名高い天橋立《あまのはしだて》があります。

敦賀は、天然《てんねん》の良港《りょうこう》の少い本州日本海沿岸ではきわめて大切な港で、対岸の大陸方面との交通や貿易が盛んです。

船上山《せんじょうさん》と大山《だいせん》

京都から北西へ向かう山陰本線は、福知山《ふくちやま》を通り、やがて日本海沿岸に出ると、ずっと海岸に沿って西へ走ります。その沿線にある鳥取《とっとり》は、岡山《おかやま》へ通じる鉄道の分れるところで、製糸業《せいし》が行われます。鳥取から砂丘《さきゅう》の発達した海岸を西へ進むと、大山火山の雄大なすがたが近づいて来ます。

大山は山陰・山陽《さんよう》の名山で、その広いすそ野は海岸までのびており、牧場《ぼくじょう》として利用されています。名和長年《なわながとし》が、後醍醐《ごだいご》天皇を迎え奉《たてまつ》った史蹟《しせき》として名高い船上山は、大山の北のすそ野にある一つの火山です。

米子《よなご》は海陸の交通が便利で、近年商工業が発達し、夜見浜《よみがはま》の先《せん》

大山

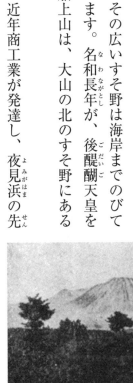

端《たん》にある境《さかい》との間に、鉄道が通じています。境と隠岐《おき》との間には、れんらく船が通っています。

出雲《いずも》・石見《いわみ》の海岸

島根《しまね》半島は、その内側にある中海《なかうみ》や宍道湖《しんじこ》とあいまって、山陰の海岸に著《いちじる》しい変化《へんか》を与え、美しい風景をくりひろげています。しかも宍道湖附近の平野は、平野の少い山陰中の主なもので、神代以来開けた出雲地方の中心であることを思わせ、いたるところに由緒《ゆいしょ》のある神社や史蹟があります。島根半島の北にある隠岐の島も史蹟に富み、また漁業が盛んです。出雲の南西に続く石見は、ほとんど山地ばかりで、山陰本線もずっと海岸に沿って走っています。出雲・石見は日本海沿岸でも雪が浅く、冬もわりあいに暖かです。

宍道湖附近の平野では、米のほか、まゆを多く産します。養《よう》蚕《さん》は、山陰方面が山陽方面よりも盛んです。宍道湖の東岸にある松江《まつえ》は、城下町で風景がよく、町が美しいので有名です。島根半島の西端に近い大社《たいしゃ》には、出雲大社《いずものおおやしろ》があります。樹木《じゅもく》の茂《しげ》る山のふもとの神域《しんいき》に拝する御本殿は、古代建築《こだいけんちく》の遺風《いふう》を伝え、

出雲大社

あたりの静けさに御代のことがしのばれます。大社に近い出雲《いずも》は、平野の中心地で商業が行われます。

石見地方では、浜田《はまだ》がこの地方の港として知られ、和紙《わし》の取引があり、また漁業の一中心となっています。さらに下関《しものせき》へ向かう山陰本線に沿う港として、山口県の萩《はぎ》があります。維新《いしん》の史蹟に名高いところです。

八　中央《ちゅうおう》の高地《こうち》

本州《ほんしゅう》の中央部は、飛驒《ひだ》・木曾《きそ》・赤石《あかいし》などの高い山脈があり、各地に火山《かざん》がそびえ、高原《こうげん》が展《てん》開《かい》して、本州でいちばん土地の高いところとなっています。この高地のちょうど真中《まんなか》を占《し》めているのが、長野《ながの》県です。

本州の屋根

本州中央の高地中でも、全体として最《もっと》も土地が高まっている長野県は、いわば本州の屋根に当ります。殊に、同県の西の境《さかい》にある飛驒山脈は、三千メートル内外《ないがい》の高い山がいくつもあって、南北に連《つら》なるけわしい嶺々《みねみね》は、大空を突《つ》いてそびえています。東側《がわ》の松本《まつもと》あたりから見た飛驒山脈の眺《なが》めは、実に壮観《そうかん》です。山脈の西側には、飛驒高地がひろがっています。

赤石山脈も、三千メートルをこえる山々があって、同じく雄《ゆう》大《だい》な山脈ですが、木曾山脈は大きさがこれらに劣《おと》ります。また、長野県と関東《かんとう》平野との間にある山脈にも、高い山々がそびえて

飛驒山脈の高峰

います。

これらの山脈の間を流れる信濃《しなの》・木曾・天龍《てんりゅう》・富士などの大きな川の谷や、沿岸《えんがん》の盆地《ぼんち》は、中央の高地での主な産業《さんぎょう》地となっており、都市もそこに発達しています。

中央の高地には、各地に森林《しんりん》が分布《ぶんぷ》していて、木材《もくざい》を多く産します。殊に木曾谷の森林は有名《ゆうめい》で、ひのき・さわらなどの良材《りょう》が伐《き》り出され、各地へ輸送《ゆそう》されます。畏《かしこ》くも神宮の御造営《ごぞうえい》に用いられるのは木曾の御料林《ごりょうりん》のひのきです。

木材の運搬

名高い養蚕《ようさん》地

本州中央の高地は、わが国でいちばん養蚕の盛んな地方で、いたるところに打ち続く桑《くわ》畠が見られます。養蚕にともなって、この地方では、製糸業《せいしぎょう》も各地で営《いとな》まれています。

諏訪湖《すわこ》の沿岸は製糸業が特に盛んで、その中心の岡谷《おかや》は、わが国第一の生糸《きいと》の町です。原料《げんりょう》のまゆは、遠く各地から集められます。諏訪湖から流れ出る天龍川の谷も、まゆ・生糸を多く産し、飯田《いいだ》はその中心地です。松本・長野・上田《うえだ》も、それぞれ養蚕の盛んな盆地の中心地です。

松本は、県のほぼ中央に位《くらい》する交通《こうつう》の要《よう》地として商業が栄《さか》え、製糸業のほか工業も興《おこ》って、活《かっ》

善光寺

気《き》をおびています。北方の長野は、参詣者《さんけいしゃ》の多い善光寺《ぜんこうじ》の門前《もんぜん》町《まち》として発達したところで、附近にはりんごを産します。聞くも勇ましい川中島《かわなかじま》の古戦場は、長野から近いところにあります。上田も製糸の盛んなところとして知られています。

かように、養蚕の盛んな長野県は、府県中第一のまゆの産地であるばかりでなく、生糸の生産でも、わが国全体の約五分の一を占めています。

山梨《やまなし》県もまた、甲府《こうふ》盆地をはじめ、各地で養蚕が盛んで、甲府は製糸業の中心地であり、また水晶細工《すいしょうざいく》の特産があります。甲府盆地は、昔からぶどうの産地として名高く、殊に勝沼《かつぬま》附近では、岡も平地も一面のぶどう園《えん》です。

長野県及び山梨県の東側《がわ》の山地を越《こ》えて、関東平野に出

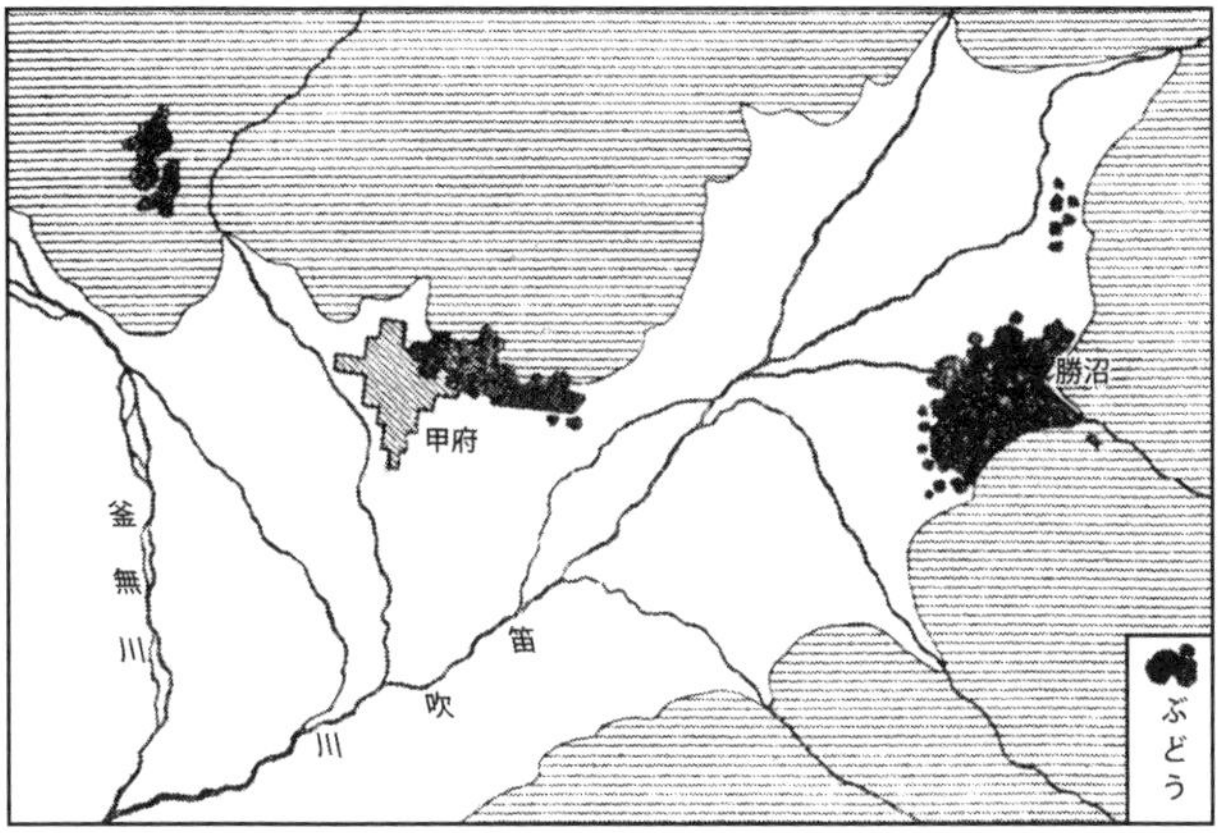

甲府盆地のぶどう園の分布

るふもとの地方がまた養蚕・製糸の盛んなところであること、絹織物も所々に産することは、すでに前に述《の》べた通りです。

また長野県の南西にある愛知《あいち》・岐阜《ぎふ》の両県にも、養蚕が広く行われています。

わが国の養蚕業は、本州中央の高地がその大中心地となっていますが、他の府県でもいたるところで行われ、わが国は世界の生糸の大部分を産出するのです。従って、絹織物《きぬおりもの》も古《こ》来《らい》わが国の名産であり、日本人のすぐれた技術《ぎじゅつ》と豊《ゆた》かな趣味《しゅみ》とをあらわしたものが、各地で織られます。

ぶどう園

九　東京《とうきょう》から青森《あおもり》まで

東京から北の方青森へ行く鉄道には、太平洋側《がわ》を通るものと、日本海側を通るものとがあります。

太平洋側を通る東京・青森間の線は、東北本線《とうほく》ですが、別に常磐線《じょうばん》があって、途中までこの線を通って青森へ行く汽車もあります。日本海側を通る奥羽本線《おうう》は、東北本線の福島《ふくしま》から起り、奥羽山脈を越《こ》え、その西側の盆地《ぼんち》や海岸平野を通って、青森に達します。

これらの線が通る福島県以北《いほく》の地方は、位置《いち》の関係《かんけい》からいって、本州《ほんしゅう》中いちばん寒いところですが、奥羽山脈を境《さかい》に、太平洋側と日本海側とでは気候《きこう》がちがい、近くを暖流《だんりゅう》の流れる日本海側は、寒流《かんりゅう》の流れる太平洋側よりも気温《きおん》が高いのです。雪は日本海側に深くて、北陸《ほくりく》の続きであることを思わせ、太平洋側はずっと少いのです。こうした気候の特色《とくしょく》は、産業《さんぎょう》・交通《こうつう》などにも深い関係があります。

太平洋側

東北本線は、浦和《うらわ》・大宮《おおみや》・宇都宮《うつのみや》を経て関東平野を北へぬけ、宇都宮から白河《しらかわ》を通って、阿《あ》武隈《ぶくま》川の谷へ出ます。この谷では養蚕《ようさん》が盛んに行われ、生糸《きいと》を多く産し、郡山《こおりやま》・福島はその中

石炭の積み込み

心都市となっています。郡山は交通の要《よう》地にあり、猪苗代湖《いなわしろこ》の水力電気《すいりょくでんき》を利用《りよう》して、製糸《せいし》や化《か》学《がく》工業などが行われています。福島は、その附近とともに生糸や絹織物《きぬおりもの》の産地です。

東北本線と阿武隈川の下流《かりゅう》で出あう常磐線は、東京から北東へ向かい、史蹟《しせき》に富む水戸《みと》を通って、太平洋岸へ出ます。水戸の北にある日立《ひたち》は有名《ゆうめい》な鉱山《こうざん》で、大きな製錬《せいれん》所があり、銅《どう》を始め金・銀を産します。また機械器具工業も盛んです。

さらに北の方、常磐線の沿線一帯《えんせんいったい》には、茨城《いばらき》・福島の両県にわたる常磐炭田《たんでん》があって、各地の炭坑《たんこう》から出る石炭が駅毎《えきごと》に積み込《こ》まれ、盛んに東京方面へ送られます。平《たいら》はこの炭田の中心地です。阿武隈川の下流から北は、東北本線によってやがて仙台《せんだい》に達します。

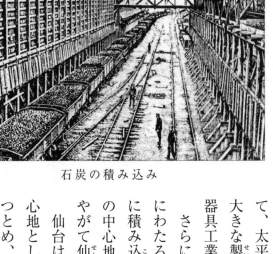

仙台は、人口《じんこう》二十二万、米のたくさん取れる仙台平野の中心地として栄《さか》えています。附近の塩釜《しおがま》は、仙台の港の役目をつとめ、また同じ仙台湾にのぞむ石巻《いしのまき》などとともに、漁港《ぎょこう》として活気《かっき》を見せています。

仙台湾の一部である松島《まつしま》湾は、松の茂《しげ》ったたくさんの島々が海上に美しく散在《さんざい》し、風景《ふうけい》のよいので昔から有名です。

仙台湾から北の海岸は、たいそう出入が多く、各地に漁港が発達していて、いわし・かつお・まぐろなどがたくさん取れます。宮城《みやぎ》県は、鹿児島《かごしま》県・静岡《しずおか》県とともに、かつおぶしの主な産地です。釜石《かまいし》はこの方面の漁港の一つですが、また附近に鉄山があって、鉄の製錬が盛んです。

東北本線は、仙台平野から北上《きたかみ》川の谷をさかのぼり、馬市《うまいち》で名高い盛岡《もりおか》や、牧馬《ぼくば》の盛んな地方をすぎて、陸奥《むつ》湾にのぞむ青森に達します。

青森は、本州と北海道《ほっかいどう》との交通・商業上大切《たいせつ》な港で、函館《はこだて》との間には鉄道れんらく船が往来《おうらい》しています。陸奥湾の奥には、海軍の要港《ようこう》の大湊《おおみなと》があります。

松島

日本海側

本州北東部の中央《ちゅうおう》をたてに貫《つら》ぬいている奥羽山脈には、那須火山帯《なすかざんたい》が通っているので、たくさんの美しい火山《かざん》がそびえており、温泉《おんせん》も各地にわいています。火山の附近には、南の猪苗代湖や北の十和田湖《とわだこ》のような、景色《けしき》のよい湖もあります。なお那須火山帯に平行《へいこう》して、日本海側を鳥海《ちょうかい》火山帯が通っています。

磐梯山《ばんだいさん》は、奥羽山脈中の名高い火山で、そのふもとの猪苗代湖は、西の会津《あいづ》盆地よりも三百メートルも高いところにあります。この湖から流れ出る水は、盛んに水力発電に利用され、その電気は主として東京方面へ送られていますが、一部は附近の工場で使用されます。

会津盆地の中心地若松《わかまつ》は、盆地の米やまゆの集るところです。この盆地を始め、日本海側には盆地がいくつもあって、南北に並んでおり、奥羽本線に沿う米沢《よねざわ》・山形《やまがた》・横手《よこて》などは、それら盆地の中心地です。こうした盆地や、酒田《さかた》・秋田《あきた》・弘前《ひろさき》を中心とする平野及び仙台平野などは、米の主産地で、東京を始め大阪その他へどんどん積み出し、内地のうちで、米を他地方へ送り出す大切なところとなっています。ただこの地方は、年により夏の気温が不足して凶作《きょうさく》を見ることがあります。特に、寒流の流れる太平洋側にそれが多いのです。

磐梯山と猪苗代湖

最上《もがみ》川の上流にある米沢・山形は、ともに盛んな養蚕地の中心で、絹織物を産します。最上川流域《りゅういき》から雄物《おもの》川流域へ出る奥羽本線は、秋田で羽越《うえつ》本線と合します。羽越本線は、日本海沿岸を通って、秋田と新潟《にいがた》方面とをれんらくする線で、庄内《しょうない》平野の酒田・鶴岡《つるおか》などは、この線に沿っています。秋田の附近には、油田《ゆでん》があって石油を産し、主として秋田の製油《せいゆ》所で精製します。石油のほか、秋田県には鉱産物が多く、米代《よねしろ》川と雄物川の流域の山地には、銅・金・銀の鉱山が所々《しょしょ》にあって、中でも小坂《こさか》は最も著《あらわ》れています。

日本海側には森林《しんりん》がよく茂り、殊に米代川流域の杉は有名で、沿岸各地に製材《せいざい》業が行われ、能代《のしろ》はその中心地となっています。

奥羽本線は、八郎潟《がた》の東岸を通り、米代川に沿ってのぼり、上流から北へ峠《とうげ》を越えて、弘前をすぎ、やがて青森に達します。

東北本線と奥羽本線とを東西にれんらくする鉄道は、奥羽山脈を横ぎるためにその発達もおくれましたが、今日では幾本《いくほん》もできて、だんだん便利になりました。しかし、日本海側は冬、雪が深いので、汽車の交通もさまたげられることがあります。この地方では、線路のところどころに「雪よけトンネル」が設《もう》けてあります。また冬の日本海沿岸は、風波《ふうは》が荒くて海上の交通も不便をまぬがれません。

雪よけトンネル

馬の牧場

馬とりんご

奥羽山脈の東側は、古くから牧馬がたいそう盛んで、名馬の産地として知られた地方です。火山のすそ野や、広い原野《げんや》には、各地に牧場があって、たくましい馬がたくさんとびまわっています。また、農家でも馬を育てるのに熱心で、いたるところで飼われています。三本木《さんぼんぎ》附近、盛岡附近、仙台平野の西部、白河附近などは牧場の中心地です。所々に馬市が立って取引されますが、盛岡や白河の馬市は殊に有名です。中には、軍馬となって勇ましく戦場で働いているものもたくさんあります。

太平洋側が有名な牧馬地帯であるにひきかえ、日本海側には、わが国第一のりんごの産地である弘前附近の平野があります。この地方では、明治の初めごろから栽培《さいばい》され、以来《いらい》栽培者の非《ひ》

実るりんご

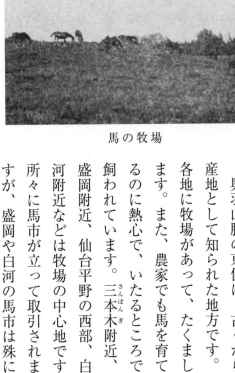

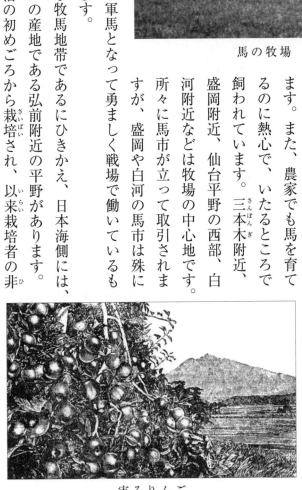

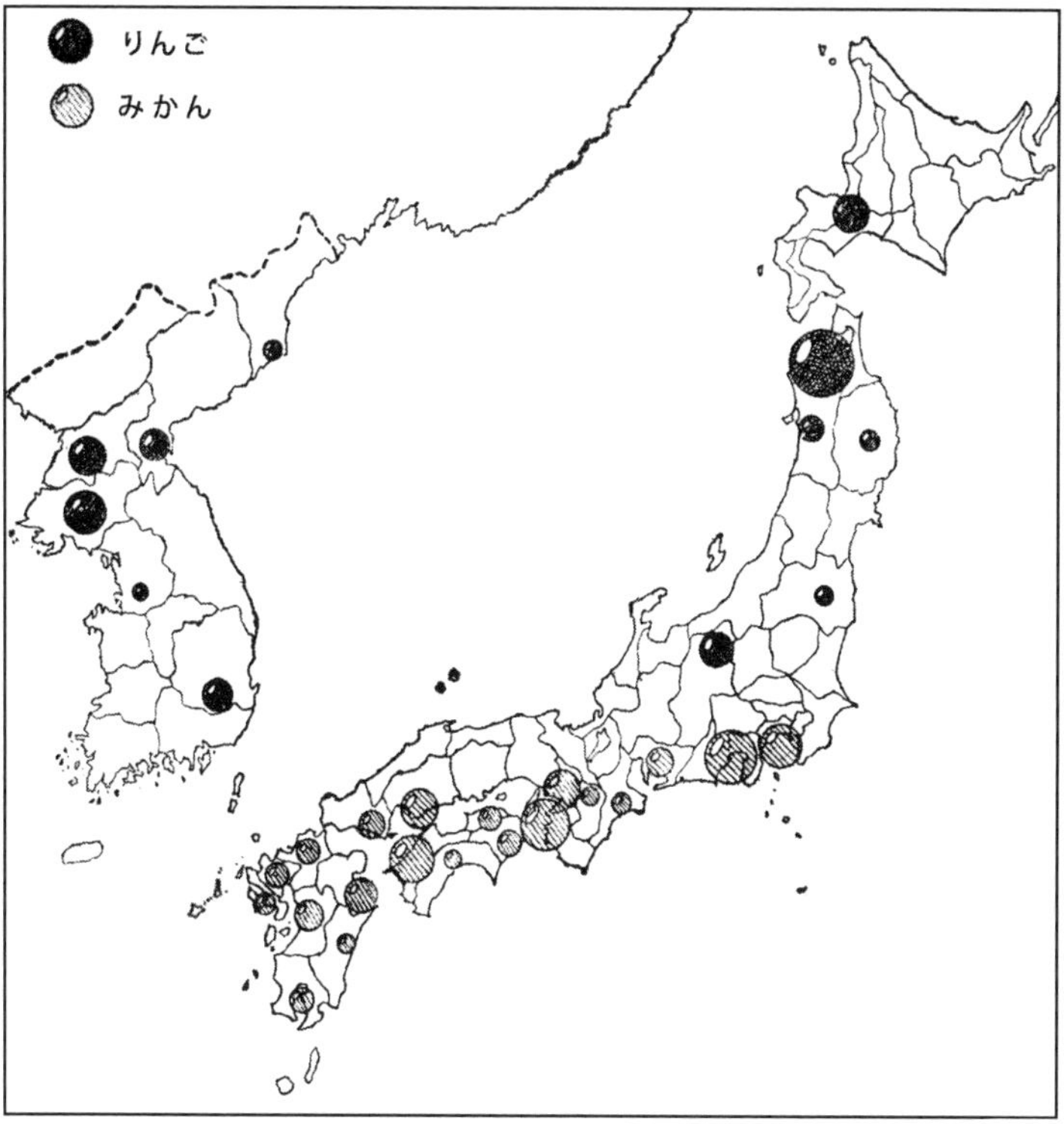

りんごとみかんの分布

常《じょう》な苦心が続けられた上、気候・土質《どしつ》もまたりんごに適《てき》したため、遂《つい》に今日のような盛況《せいきょう》を見るに至《いた》りました。青森県は、内地のりんごのほとんど大部分を出し、各地へ送られます。

　りんごと同じく、本州北東部に最も多い果物《くだもの》に桜桃《おうとう》があります。これは、わが国で山形・福島の二県が特に多く栽培されています。本州北東部では、暖かい地方に適するみかんがほとんど見られないかわりに、暖かい地方にごく少いりんごや、桜桃がたくさんできます。

十　北海道《ほっかいどう》と樺太《からふと》

北海道本島と、千島列島《ちしまれっとう》、及び北緯《ほくい》五十度の線を境《さかい》とする樺太島の南半部は、わが国でいちばん北にある地方ですから、本州《ほんしゅう》や四国九州《しこくきゅうしゅう》とちがって、気温《きおん》がずっと低く、冬の寒さのきびしいところです。北海道も樺太も、開拓《かいたく》の歴史は新しいのですが、それにもかかわらず、移住者《いじゅうしゃ》の努力《どりょく》によって、両《りょう》地方ともその発展《はってん》にはめざましいものがあります。

北海道は、明治の初めから、本州その他各地方から移住して来た人たちがいろいろな困難《こんなん》と戦いながら、努力を重ねて開拓に従事したので、種々の産業《さんぎょう》が大いに興《おこ》り、それとともに交通《こうつう》も発達して来ました。人口《じんこう》は年々増加《ぞうか》し、都市も所々《しょしょ》にできて、すべてが新興《しんこう》の意気を見せています。

樺太は、北海道よりもずっとおくれて開拓されたのですが、ここでも、内地からの移住者の活動《かつどう》によって、特色《とくしょく》のある産業が盛んとなり、北海道と相応《あいおう》じて北の日本の発展を物語《ものがた》っています。また、北海道・樺太ともに、国防《こくぼう》上きわめて大切なところであることに注意せねばなりません。

北海道は人口約三百三十万、樺太は約四十万で、いずれも面積《めんせき》のわりあいからすると、わが国でいちばん人口の少い地方ですが、今後《こんご》の発展にともなって、ますます増加するでありましょう。

北海道の三大港

函館《はこだて》・小樽《おたる》・室蘭《むろらん》は北海道の主《おも》な港で、いずれも西の半島部にあります。この半島部は、北海道の入口に当り、特に津軽海峡《つがるかいきょう》にのぞむ函館は、本州とのれんらくのいちばん便利なところです。小樽は、日本海方面の港を代表《だいひょう》し、室蘭は、太平洋方面の港を代表すると見ることができます。そのほか主な港に、釧路《くしろ》・根室《ねむろ》・稚内《わっかない》などがあり、稚内から樺太の大泊《おおどまり》へは、鉄道れんらく船が通じています。外国貿易《がいこくぼうえき》は、大部分函館・小樽の二港で行われ、主にシベリアや、支那との取引があります。

函館は、海陸交通の要《よう》地にあって、人口二十万、水産物の取引が多く、造船その他の工業が盛んです。

函館から函館本線が起って北に向かい、小樽・札幌《さっぽろ》を経て旭川《あさひかわ》に達します。その沿線には、駒岳《こまがたけ》や羊蹄山《ようていざん》などの火山《かざん》がそびえ、いずれもその附近に美しい風景《ふうけい》をくりひろげていま

駒岳と大沼

す。北海道には、千島火山帯と那須《なす》火山帯とが通っているので、火山が多く、殊に、半島部にはいたるところに火山があり、火山にともなって湖や温泉があります。

小樽は、後《うしろ》に石狩《いしかり》平野をひかえ、活気《かっき》のある商業地で、製缶《せいかん》工業が盛んです。室蘭へは、室蘭本線が通じています。この線は、函館本線から分れ、太平洋岸に沿って東へ向かい、室蘭・苫小牧《とまこまい》を経て、岩見沢《いわみざわ》で再び函館本線に合《がっ》します。室蘭には大きな工場があって、鉄工業が盛んに行われています。

豊《ゆた》かな水産

寒流《かんりゅう》と暖流《だんりゅう》とが流れている北海道の近海は、世界的な大漁場《だいぎょじょう》です。にしん・さけ・ます・たら・かに・こんぶなど寒流の海に多いもののほか、いわし・いか・まぐろなど暖流性のものも多いのです。さけやますは、各地の川でもたくさん取れます。

北海道は、西の半島部の沿岸がいちばん早く開けましたが、それは、この方面へ本州から漁業に出かける人が多く、漁港も発達したからです。そののち、他の海岸地方が次第《しだい》に開け、さらに奥地《おくち》へと開拓が及《およ》んで行ったのです。

函館・小樽・室蘭の三大港を始め、どの港もすべて漁業の根拠《こんきょ》地となっています。毎年漁期《ぎょき》には、本州から北海道へ出かせぎに行く人たちがたくさんあります。沿岸各地で取れた水産物は、大部分がいろいろな製造物として各地へ送られます。

樺太も、北海道と同じように水産業が大切な産業であって、にしん・たら・さけ・ます・かに・こんぶなどがたくさん取れ、それらの製造物を多く産出します。北海道の水産業について述《の》べたことは、大体樺太にあてはまります。

石狩平野と十勝《とかち》平野

開拓の当初《とうしょ》、非常《ひじょう》に困難であった北海道の農業も、その後一大発達をとげ、気候《きこう》に適《てき》したいろいろな農産物がたくさん取れるようになりました。その初め栽培《さいばい》することのできないものとされていた米が、今ではほとんど全島にわたって作られ、産額《さんがく》がいちじるしく増加しました。また、燕麦《えんばく》・小麦・じゃがいも・豆などを多く産するほか、はっか・亜麻《あま》・除虫菊《じょちゅうぎく》・甜菜《てんさい》のような特産物が多く、半島部ではりんごが栽培されています。

にしんの陸あげ

石狩平野は最《もっと》もよく開け、石狩川上流の上川盆地《かみかわぼんち》とともに米の主産地であり、十勝平野は、蝦夷《えぞ》山脈の東側《がわ》にある代表的な平野で、鉄道が石狩平野と相通じるようになって以来大いに発展し、豆・甜菜・亜麻などがたくさんできます。札幌・旭川・帯広《おびひろ》は、それぞれこれら農業地の中心地として、農産物を原料《げんりょう》とする工業が興り、札幌ではビール・亜麻製品、でんぷんの製造、旭川では製粉《せいふん》、帯広では甜菜糖《とう》の製造が行われています。また、北見《きたみ》地方にも、はっかその他の農産物を多く産します。

石狩平野の東には、大きな炭田《たんでん》があります。筑豊《ちくほう》炭田に次いでたくさんの石炭を産出し、水《すい》力《りょく》の利用《りよう》と相まって、北海道の工業の発達にたいそう役立っています。この石炭は、室蘭・小樽の港から他の地方へもたくさん送られています。そのほか、釧路附近には釧路炭田があり、また所々に金・鉄・硫黄《いおう》などを産します。

石狩平野は、北海道中、人口がいちばん密《みっ》で産業が発達し、本島の文化《ぶんか》・交通の中心地であります。札幌は北海道庁《ちょう》のあるところで、人口二十万、一体に道幅が広く、市街がよくととのっています。西の郊外《こうがい》に札幌神社があります。

函館から札幌を経て旭川に至る函館本線は、旭川から稚内に至る宗谷《そうや》本線に連《つら》なり、本島の縦貫線《じゅうかんせん》となっています。また瀧川《たきかわ》で函館本線に分れて狩勝峠《かりかちとうげ》を越《こ》え、帯広・釧路を経て根室に達する根室本線は、東西のれんらく線として大切です。

森林《しんりん》と牧場《ぼくじょう》

北海道には寒い地方に適するえぞまつ・とどまつなどの天《てん》然林《ねんりん》が広く分布《ぶんぷ》しています。これらは、パルプの原料として大切な木材《もくざい》であり、従ってパルプ・製紙《せいし》工業が発達し、各地にその工場があります。中でも苫小牧・江別《えべつ》・釧路には、大きな製紙工場があって、盛んにパルプ・洋紙を作っています。北海道は、樺太とともにわが国の洋紙の主産地です。

北海道の牧場

北海道の産業の一つとして、牧畜もまた非常に盛んです。わが国でも他にほとんど見ることのできない広々とした原野《げんや》があり、飼料《しりょう》としての燕麦や、牧草《ぼくそう》もよく育つので、馬や牛の牧畜に適し、特に、南東部の太平洋方面は牧馬の中心地で、馬市《うまいち》も各地で開かれます。石狩平野には乳牛《にゅうぎゅう》が多く、札幌では乳製

製紙工場

品の製造が盛んです。この平野には、羊もたくさん飼われています。

千島列島

千島列島は、北海道本島とロシア領《りょう》のカムチャッカ半島との間に連なっている、たくさんの島々です。この列島は千島火山帯に当っているので、どの島も大体けわしい火山島です。気候が寒く、住民も少く、農業に適していませんが、近海にさけ・ます・たら・かになどがたくさん取れますから、漁業はなかなか盛んです。そのため、かんづめ工業も興っています。夏は、漁業のためにここへ来るものが少くありません。またその位置《いち》が、北太平洋におけるロシア及びアメリカ合衆国《がっしゅうこく》の領土《りょうど》に近いので、国防上非常に大切なところです。

樺太の入口

北海道の稚内から鉄道れんらく船に乗ると、八時間で樺太の大泊《おおどまり》に着きます。鉄道は、大泊から起って鈴谷《すずや》川沿岸の平野を北へ向かい、豊原《とよはら》を通り、オホーツク海岸に沿って知取《しるとる》をすぎ敷香《しくか》へ達する線と、真岡《まおか》を中心に日本海岸を通る線とがあります。この南北の二線をつなぐものに、豊原・真岡間の線があります。

南部の鈴谷川沿岸の平野は、樺太では土地の開けたところで、燕麦・じゃがいも・甜菜などを産します。この平野を始め、各地に養狐《ようこ》業が行われ、毛皮を産します。

平野の中心地豊原は、樺太庁のあるところで、市の東部にある岡のふもとに、樺太神社があります。大泊は、内地との交通上大切な港ですが、冬は港が凍《こお》るので、砕氷船《さいひょうせん》を使用しています。豊原をのぞいた樺太の主な都市はみな港で、それぞれ漁業の中心地となっています。樺太の沿岸が、冬凍るのは不便ですが、西海岸の南部には、暖流の関係で真岡・本斗《ほんと》の不凍港《ふとうこう》があります。

盛んなパルプ工業

山地から平野にかけて、土地の大部分がえぞまつ・とどまつなどの大森林におおわれている樺太は、木材が大切な富源《ふげん》であります。木材のままで内地へ送られるものも多いのですが、主としてパルプ工業の原料に使用され、樺太は実にわが国第一のパルプ・洋紙の産地であります。都市という都市に、

大泊の氷上荷役

樺太の森林

すべてパルプ及び製紙工場があり、その製品はたくさん内地へ送られます。

パルプ・製紙工業と水産業とが、樺太の最も主要な産業ですが、なお樺太山脈には炭田が広く分布し、恵須取《えすとる》附近をはじめ、所々で掘り出されて、石炭の産額は近年いちじるしく増加しています。

樺太の炭鉱

十一　朝鮮《ちょうせん》と関東州《かんとうしゅう》

朝鮮と関東州とは、ともに満洲《まんしゅう》の南に続く大陸の一部ですから、日本列島《れっとう》とくらべて気候《きこう》も大陸性で、寒暑《かんしょ》の差がいちじるしく、雨はいっぱんに少い方です。

朝鮮は、約一千キロにわたって南北に長い半島ですから、南部の海岸地方は温和《おんわ》ですが、北へ行くにつれて冬の寒さがきびしくなり、北部では川も凍《こお》ります。

朝鮮では、長い間森林《しんりん》を伐《き》り荒したため、はげ山が多く、それだけでも、内地とはたいそうちがった風景《ふうけい》です。大水《おおみず》や、ひでりの害がだんだん大きくなって行ったので、近年は、各地で植林《しょくりん》が行われています。ただ北部の鴨緑江《おうりょくこう》・豆《と》満《まん》江の流域《りゅういき》には、寒帯《かんたい》性の大森林があります。

朝鮮半島は、南から北へ行くほど土地が高まり、北部は広い高原《こうげん》で、国境《こっきょう》には白頭山《はくとうさん》という火山《かざん》が高くそびえています。火山の少い半島では、めずらしく大きなものです。

金剛山

山脈が半島の東側《がわ》へかたよっていますから、日本海沿岸《えんがん》は山地が海にせまり、そこには、海にのぞんで岩山の群《むれ》がそそり立つ金剛山《こんごうさん》のような勝地《しょうち》もありますが、平地にとぼしく、交通《こうつう》が不便で、産業《さんぎょう》もいっぱんに発達していません。

これに反して、西の黄海《こうかい》方面と、南の朝鮮海峡《かいきょう》方面には、大きな川々があって、各地に平野が分布《ぶんぷ》しています。海岸線の出入《しゅつにゅう》が多く、附近に大小無数の島々があって、よい港があり、交通や産業が開けて都市も発達しています。これらの点で、日本海沿岸とは非常《ひじょう》なちがいです。

しかし最近《さいきん》では、日本海沿岸でも北の清津《せいしん》・羅津《らしん》・雄基《ゆうき》などの港は、この方面の鉄道と満洲の鉄道とがれんらくしたため、満洲の日本海方面の出入口《でいりぐち》として利用《りよう》されるようになり、附近の産業も活気《かっき》づいて来ました。

かように朝鮮半島は、その背後《はいご》に続く大陸との関係《かんけい》が大切《たいせつ》であり、わが本土《ほんど》と大陸とを結ぶ半島の役目は、いよいよ重要《じゅうよう》になって行きます。その上、近年大工業がしきりに興《おこ》り、道路もまた片はしから改められて行くので、半島には、昔とちがった新しい生気《せいき》が見られるようになりました。

人口《じんこう》は約二千四百万で、そのうち内地人は約六十万です。

遼東《りょうとう》半島の先端《せんたん》部を占《し》める関東州は、満洲の入口で、軍事上、交通上の要地を占めています。人口約百四十万のうち、内地人は約二十万です。

釜山《ふさん》から新義州《しんぎしゅう》まで

下関《しものせき》から鉄道れんらく船に乗ると、七時間半で、半島の入口釜山に着きます。鉄道は、釜山から起って北へ向かい、大邱《たいきゅう》・京城《けいじょう》・平壌《へいじょう》を通り、新義州から、鴨緑江の鉄橋を渡って、対岸《たいがん》の安東《あんとう》に着き、ここで満洲の鉄道にれんらくします。釜山・京城間を京釜《けいふ》本線、京城・安東間を京義《けいぎ》本線といい、半島をたてに貫《つら》ぬく幹《かん》線であります。京釜本線の大田《たいでん》から分れて、木浦《もっぽ》へ行く湖南《こなん》本線も主《おも》な鉄道です。また別に、京城から日本海沿岸の元山《げんざん》・咸興《かんこう》・羅南《らなん》を通り、会《かい》寧《ねい》を経て、満洲の鉄道とれんらくする線も大切です。

京釜・京義両本線及び湖南本線の沿線一帯に連《つら》なっている南部・西部の平野は、半島中最《もっと》も人口が密《みつ》で、都市もたくさんあり、産業もよく開けています。

南部と西部の平野

半島の南部と西部の平野は、農業のたいそう盛んなところです。農業は、昔から朝鮮第一の産業で、住民の大部分がこれに従事し、米・麦・大豆《だいず》・粟《あわ》などが主な農産物です。

米は、中部以南《いなん》の平野に多く産し、特に近年は水田《すいでん》が大いにひらけ、米の品質《ひんしつ》も改良《かいりょう》されて、内地米《ないちまい》と同じような、よい米が取れるようになりました。大邱・大田を始め、京釜本線や湖南本線に沿う都市では、皆、米の取引が行われ、釜山・群山《ぐんざん》・仁川《じんせん》などから、内地へ盛んに積み出されます。

麦と大豆は、広く半島の各地に産し、大豆は、主に仁川からたくさん内地へ送られます。粟は、北部の平野に多く作られ、朝鮮では米に次ぐ大切な食物となっています。

南部・中部の平野に多く栽培《さいばい》されるものに、綿があります。近来《きんらい》いろいろの改良が加えられて、次第《しだい》にその成績《せいせき》をあげています。木浦は、内地への綿の積み出しが盛んなところです。

南部から中部にかけては養蚕《ようさん》業が発達して、まゆの産額《さんがく》が年々多くなり、それにつれて製糸《せいし》業も所々《しょしょ》に興っています。たばこもこの方面に多い産物です。

人参《にんじん》は、昔から半島の特産物として名高く、開城《かいじょう》附近は、栽培の中心地であるばかりでなく、上等《じょうとう》のものを産します。果物《くだもの》では、りんごが広く半島の各地で栽培されますが、殊に北部が盛んです。

朝鮮の農業にとって、牛はなくてはならない大切な家畜《かちく》

人参のかんそう

となっています。性質がおとなしく、たいそうよく働きますから、いたるところに飼われ、その頭数《とうすう》は内地とほとんど同じぐらいです。各地に牛市《うしいち》が立って取引され、近年朝鮮牛は、内地の農家でもたくさん使役《しえき》するようになりました。

半島の主な都市は、たいてい南部・西部の平野にあって、鉄道の幹線に沿うものかあるいは港です。半島第一の貿易《ぼうえき》港《こう》である釜山は、人口二十五万、内地との交通の要地に当り、また漁港《ぎょこう》としても活気があります。朝鮮の近海は、漁業がたいそう盛んで、内地人の出漁するものが多く、各地に漁港があります。釜山はその主なものの一つです。また、この地では、綿糸《めんし》や陶器《とうき》が製造されます。釜山の西にある鎮海《ちんかい》は、朝鮮海峡にのぞむ海軍の要港です。

釜山の北にある大邱は、京釜本線中の大きな都市で、農産物の取引の盛んなところです。朝鮮では、各地に定期《ていき》の市場《いちば》が開かれ、農産物や日用品《にちようひん》などが取引されていますが、中でも大邱と京城の大市《おおいち》は有名《ゆうめい》なものです。

京城は漢《かん》江の下流に沿った盆地にあって、人口は九十万

大邱の大市

をこえ、半島第一の大都市です。朝鮮総督府《そうとくふ》を始め、主な役所・学校・銀行《ぎんこう》などが集っており、また半島の交通の中心地で、商工業も年々盛んになって行きます。市の南部の岡には、朝鮮神宮がおまつりしてあります。仁川は、京城の港の役目をつとめ、釜山に次ぐ朝鮮第二の港で、満洲や支那との貿易が盛んです。

鉱山《こうざん》と工業

朝鮮には、いろいろの鉱産物が出ますが、そのうち主なものは金・鉄・石炭で、いずれも中部以北《いほく》の地方に多いのです。

金は、半島の北西部の山地で多く掘り出され、最近その産額が非常に増加《ぞうか》しています。鎮南浦《ちんなんぽ》では、金の製錬《せいれん》が行われます。兼二浦《けんじほ》の南の山地には、大きな鉄山がいくつもあって、鉄鉱は兼二浦の製鉄所で製錬されるほか、八幡《やはた》の製鉄所へもたくさん送られます。石炭は、平壌附近が主産地で、工業に大切な良質の無煙炭《むえんたん》を産します。金や鉄鉱の産地に近く、石炭の利用に便利な平壌附近では、金属の製錬を始め、いろいろな工業が行われています。従って、平壌は近年非常に発展《はってん》し、今や人

朝鮮神宮

口約三十万、京城に次ぐ朝鮮第二の大都市となりました。

北部の高原地方には、所々に大きな水力発電所《すいりょくはつでんしょ》ができ、その電力によって、興南《こうなん》を始め北東部の海岸地帯では、所々に新しい工業が興っています。また、鴨緑江の下流《かりゅう》をせきとめる大規《だいき》模《ぼ》な発電所の建設《けんせつ》も近く工事が完成《かんせい》するはずで、将来《しょうらい》この地方の工業の発達はますます有望《ゆうぼう》です。

この北部の工業に対して、半島の南部では、原料《げんりょう》の関係から所々に紡績《ぼうせき》や製糸が行われ、また中部では、京城附近を中心にいろいろな工業が盛んで、今では工業は、農業に次ぐ朝鮮の大切な産業となっています。

関東州

関東州は、面積《めんせき》からいえば、ちょうど鳥取《とっとり》県ぐらいですが、その位置が、満洲や支那に対して非常に大切なところであることに注意しなければなりません。

州内には、いたるところ傾斜《けいしゃ》のゆるやかな岡が起伏《きふく》していますから、平地が少いのです。しかし、海岸線の出

大連の市街

入が多く、各地に湾があり、大連《だいれん》・旅順《りょじゅん》の二港もそれぞれの湾にのぞんでいます。

冬は海岸がたいてい凍《こお》りますが、大連・旅順は不凍港《ふとうこう》です。雨が少く晴天《せいてん》が続きますから、沿岸各地の砂浜では、天日《てんぴ》を利用する製塩《せいえん》が盛んで、たくさん内地へ送ります。平地は少いながら、農業はよく行われ、とうもろこし・こうりゃん・落花生《らっかせい》などを産します。工業も、大連を中心として近年非常に発展し、いろいろな工場がありますが、これは、この地が原料や製品の輸送《ゆそう》に便利だからです。関東州が交通上すぐれた位置にあることは、大連がこれを代表《だいひょう》し、また軍事上大切であることは、旅順がこれをよく物語《ものがた》っています。

大連は人口六十六万で、関東州庁《ちょう》のあるところです。関東州の大きな都市は、いわばここだけで、満洲の表玄関《おもてげんかん》にあたる海陸交通の要地を占めています。満洲の大豆・豆かす・石炭・鉄鉱などは、ここを経てわが内地へ積み出され、内地からの機械・織物・麦粉なども、ここを経て盛んに満洲へ送られます。港の設備《せつび》がよくととのい、わが内地を始め、朝鮮・支那などの諸港との間に、船の往来《おうらい》がひんぱんです。大連は、満洲をたてに通る鉄道の幹線の起点《きてん》であり、また内地から満洲や北支那へ行く航空路に当っています。

旅順は、港の口が狭《せま》く、後《うしろ》は山にかこまれた自然の要害《ようがい》で、わが海軍の要港となっています。附近一帯は、日清《にっしん》・日露《にちろ》の両戦役《りょうせんえき》に名高い戦跡《せき》であって、高く低く連なる一つ一つの岡は、わが将兵の尊《とうと》い血に染《そ》まったところです。

十二　台湾《たいわん》と南洋群島《なんようぐんとう》

日本列島《れっとう》のいちばん南にある台湾は、熱帯《ねったい》に近い気候《きこう》のところで、夏の気温《きおん》は内地とあまり変りませんが、冬は非《ひ》常《じょう》に暖かく、季節《きせつ》の変化《へんか》が内地のようにはっきりしません。気温が高く、雨が多いので、樹木《じゅもく》はよく茂《しげ》り、熱帯性のいろいろな天産物に恵《めぐ》まれている上に、わが国の領土《りょうど》となってから、産業がいちじるしく進んだので、産物が豊《ゆた》かになりました。この島は、まことにわが南方の宝庫《ほうこ》という名にふさわしいところです。一方、台湾は、対岸《たいがん》に支那本《しなほん》土《ど》をのぞみ、南にわが国力の日々にのびゆく熱帯の諸地方をひかえていますから、軍事上、交通《こうつう》上、今後《こんご》ますます大《たい》切《せつ》なところとなるでしょう。

人口《じんこう》は約六百万ですが、その大部分は本島人《ほんとうじん》で、内地人は三十万あまりです。原住民《げんじゅうみん》は十余万あって、多くは山地に住んでいますが、平地に住むものもふえ、また教育も次第《しだい》に進んで来ました。

台湾原住民の部落

南洋群島は、日本列島の南、赤道《せきどう》に近い熱帯の大海原《おおうなばら》に広くちらばっている島々で、わが太平洋方面の国防《こくぼう》上の基地《きち》として、非常に大切であります。みんな小さな島ばかりですから、数は多くても、その全体の面積《めんせき》は東京府ぐらいなものです。人口約十三万のうち、内地人は年々増加《ぞうか》して約八万にのぼり、原住民は五万ばかりです。

台湾の西部平野

台湾では、島をたてに通っている台湾山脈が、真中《まんなか》よりも東の方へかたよって連《つら》なっていますから、西側《がわ》には大きな川々があって、それらの下流《かりゅう》の平野は、海岸に沿って続いています。これと反対に、東側は山地が急に海にせまっているので、平野が少いのです。このようすは、朝鮮半島と似ていますが、ただ台湾は海岸の出入《しゅつにゅう》が少く、附近の島も、台湾海峡《かいきょう》にある澎湖《ほうこ》諸島のほかはごくわずかで、しかも西海岸は遠浅《とうあさ》ですから、天然《てんねん》の良港《りょうこう》が、ほとんどありません。淡水《たんすい》のように川口を利用《りよう》したものや、高雄《たかお》のように海岸に人工《じんこう》で港の設備《せつび》を施《ほどこ》したものなどがふつうで、自然の港としては、わずか基隆《きいるん》があげられるくらいなものです。遠浅《とおあさ》の西海岸では、天日《てんび》による製塩《せいえん》が行われています。

台湾山脈から発して西部平野を流れる川には、大きなものも少くありませんが、川水が季節によって非常に増減《ぞうげん》するし、また土砂《どしゃ》の堆積《たいせき》が多いので、船の交通にはあまり利用されません。

しかしこれらの川から引かれた用水路《ようすいろ》がいたるところに通じ、また各地に貯水池《ちょすいち》が作られるなど、川水はよく利用され、農業の発達をうながしました。

西部平野は、農業と商工業が発達し、交通もよく開けていますから、本島の住民の大部分はここに集り、主な都市もこの方面に分布《ぶんぷ》しています。

米と砂糖《さとう》と茶

気温が高く雨の多い台湾では、農業がよく発達し、本島第一の産業となっています。米とさとうきびの産額《さんがく》がいちばん多く、いずれも西部平野が主産地です。米は年に二回取れ、内地へもたくさん送られます。本島の代表的《だいひょうてき》な作物《さくもつ》であるさとうきびは、主に中部・南部の平野に栽培《さいばい》され、嘉義《かぎ》・台中《たいちゅう》・屏東《へいとう》を始め、各地に大きな製糖《せいとう》工場がありま す。砂糖は本島第一の工産物で、近年その産額が大いに増加し、多く内地へ送られます。今ではわが国全体で使用するだけの砂糖を、台湾で産出するようになりました。

北部の岡には、茶が盛んに栽培され、台北《たいほく》その他で精製

さとうきびの収穫

バナナ畠

され、たくさん輸出《ゆしゅつ》されます。さつまいもは、年中いたるところで栽培され、米に次ぐ大切な食料です。

　このほか、いろいろな熱帯性の果物《くだもの》を産し、内地へたくさん送られます。特にバナナは有名で、台湾といえば、多くの人が砂糖とバナナとを連想《れんそう》するほど特色《とくしょく》のある産物です。パイナップルもたくさん作られ、盛んにかんづめに製造されます。

　台湾の農業にとって大切な家畜《かちく》は、水牛《すいぎゅう》です。からだが強健《きょうけん》で、耕作《こうさく》にも、物を運ぶにもたいそう役立ち、殊に水田《すいでん》の耕作に適《てき》しています。その大きな角《つの》を水面にすれすれに、ゆうゆうと泳いでいるすがたや、たんぼのほとりに立って背《せ》に鳥が止《とま》っているなど、ちょっと内地では見られない風《ふう》

水牛

景《けい》です。なお、豚《ぶた》は肉用として島民の生活に欠《か》くことのできない家畜で、ほとんど各戸に飼われ、その頭数《とうすう》は内地の二倍に近いくらいです。

台湾は、近年道路も鉄道も大いに発達し、西部平野には、本島をたてに通じる鉄道の幹《かん》線があり、また、その支線もたくさんあります。鉄道の幹線は、基隆から起って南へ向かい、台北を始め西部平野の主な都市を通って、高雄に達しています。

基隆は台湾の門戸《もんこ》で、内地との交通の最も盛んな港です。附近には、石炭や金の産地があります。

台北は人口が約三十三万で、台湾総督府《そうとくふ》のある本島第一の都市です。陸上交通の要地であるばかりでなく、航空路《こうくうろ》の一中心地となっています。交通が便利なため、商工業もよく発達しています。市の北部には、台湾神社があります。台北から南の平野には、新竹《しんちく》・台中・嘉義・台南《たいなん》などの都市があって、それぞれその附近の商工業の中心地となっています。高雄は、北の基隆に対する南の主要港《しゅようこう》で、ここでは、南方諸地方との交通が盛んです。

台北の市街

高い山々

西部平野から東の方へ行くに従って、土地は次第《しだい》に高くなり、南北に連なる山脈がいくつも並んで、けわしい山地をなしています。三千米以上の山が何十とかぞえられるほどあって、中には富士山よりも高い山々があり、殊に、高さ三千九百五十メートルの新高山《にいたかやま》は、わが国第一の高山《こうざん》であります。

熱帯植物の茂る平地から高い山地へ進むにつれて、植物も種類が変化して行きます。山地には広い森林《しんりん》があって、大きなひのきや、くすのきなどがいたるところに見られます。阿里山《ありさん》を始め、各地からひのきの良材《りょうざい》が盛んに伐《き》り出され、鉄道で平地へ運ばれています。従って、製材業も各地に興《おこ》り、中でも嘉義には、大きな製材所があります。くすのきからは樟脳《しょうのう》及び樟脳油が製造され、世界的に名高い産物となっています。また、大きな竹を産し、いろいろな材料に使われる大切な林産物の一つです。

東海岸は平野が少く、交通もまだいっぱんに便利ではありませんが、北部には基隆からのびた鉄道があり、また花《か》

新高山附近

蓮港《れんこう》と台東《たいとう》との間にも鉄道が通じています。

澎湖諸島

澎湖諸島は、台湾海峡にある岩の多い低い島々で、そのうちでいちばん大きい島が澎湖島です。澎湖島は、海岸線の出入が多く、西側にある馬公《まこう》は良港で、海軍の要港となっています。

南洋群島

わが南洋群島は、カロリン・マーシャル・マリアナの諸群島から成り立っているたくさんの島々です。

この群島は、全部熱帯にありますから、いわゆる常夏《とこなつ》の気候で、四季《しき》の区別がありません。気温は年中高いのですが、いつも海風が吹く上に雨が多いので、わりあいしのぎやすいのがいっぱんです。

土地が狭《せま》く、かつ平地が少いので、もともと産業は発達し

南洋原住民の集会所

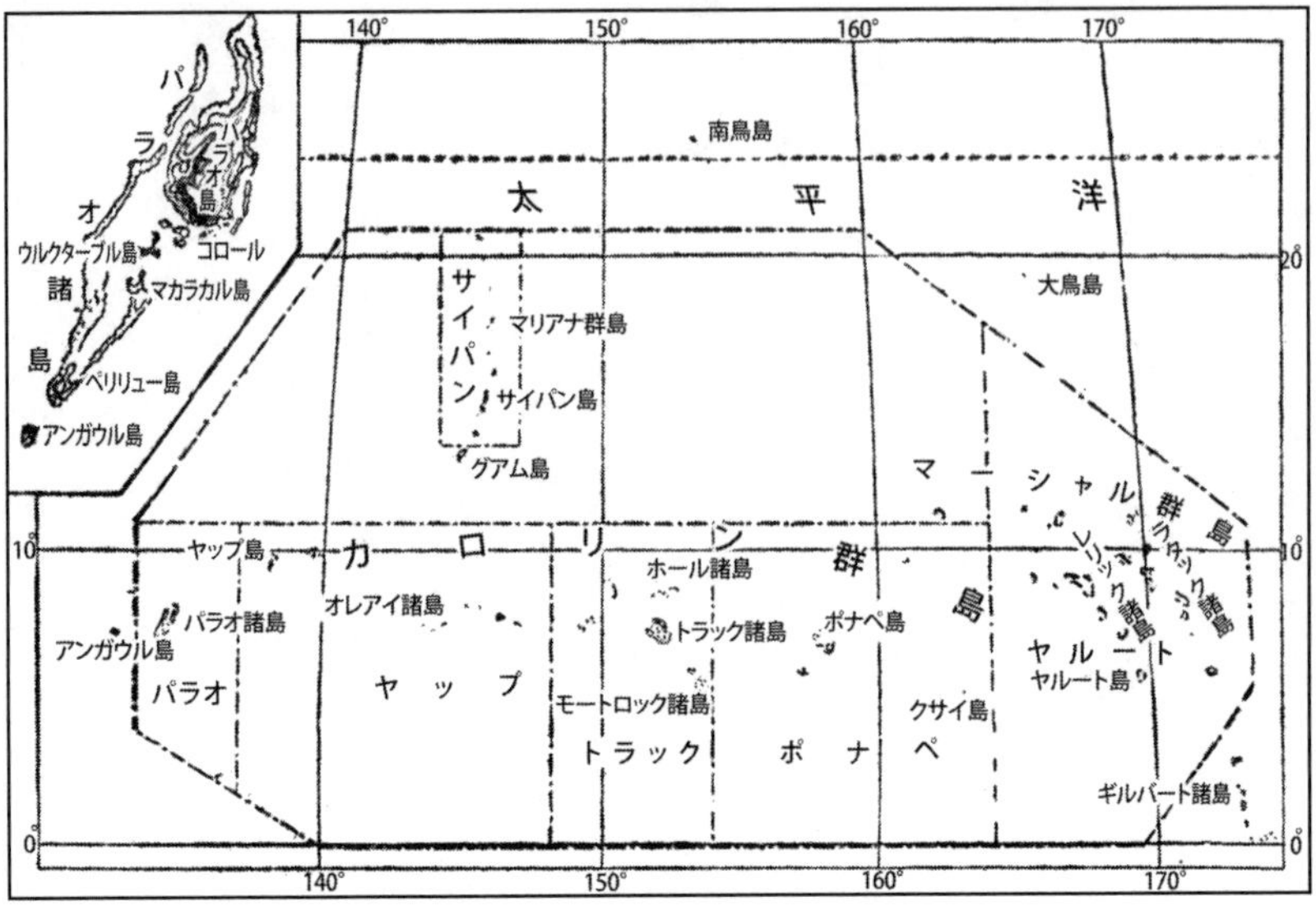

南洋群島

ていませんでしたが、わが国が統治《とうち》するようになってから、いろいろな産業が興って来ました。中でもさとうきびの栽培は、近年ますます盛んで、製糖業はこの群島第一の産業であります。漁業が内地人によって大いに発達し、かつおぶしがたくさん製造されます。このほか、コプラと燐鉱《りんこう》を産し、これらの産物は、いずれも内地へ送られます。主な島々と内地との間には、汽船が往来《おうらい》し、また定期航空路も開かれています。

この群島を治《おさ》める南洋庁《ちょう》は、パラオ諸島のコロール島にあります。コロール島には、南洋神社がおまつりしてあります。

附録

府県名《ふけんめい》	管轄区域	府県庁所在地
東京《とうきょう》府	武蔵国《むさしのくに》の一部分・伊豆七島《いずしちとう》・小笠原群島《おがさわらぐんとう》	東京市
神奈川《かながわ》県	武蔵国の一部分・相模国《さがみのくに》	横浜《よこはま》市
千葉《ちば》県	下総国《しもふさのくに》の大部分・上総国《かずさのくに》・安房国《あわのくに》	千葉市
埼玉《さいたま》県	武蔵国の一部分	浦和《うらわ》市
群馬《ぐんま》県	上野国《こうずけのくに》	前橋《まえばし》市
栃木《とちぎ》県	下野国《しもつけのくに》	宇都宮《うつのみや》市
茨城《いばらぎ》県	常陸国《ひたちのくに》・下総国の一部分	水戸《みと》市
静岡《しずおか》県	駿河国《するがのくに》・伊豆国の大部分・遠江国《とおとうみのくに》	静岡市
愛知《あいち》県	尾張国《おわりのくに》・三河国《みかわのくに》	名古屋《なごや》市
岐阜《ぎふ》県	美濃国《みののくに》・飛騨国《ひだのくに》	岐阜市
三重《みえ》県	伊勢国《いせのくに》・伊賀国《いがのくに》・志摩国《しまのくに》・紀伊国《きいのくに》の一部分	津《つ》市
滋賀《しが》県	近江国《おうみのくに》	大津《おおつ》市
京都《きょうと》府	山城国《やましろのくに》・丹波国《たんばのくに》の大部分・丹後国《たんごのくに》	京都市
奈良《なら》県	大和国《やまとのくに》	奈良市
大阪《おおさか》府	摂津国《せっつのくに》の大部分・河内国《かわちのくに》・和泉国《いずみのくに》	大阪市
兵庫《ひょうご》県	摂津国の一部分・丹波国の一部分・但馬国《たじまのくに》・播磨国《はりまのくに》・淡路国《あわじのくに》	神戸《こうべ》市
和歌山《わかやま》県	紀伊国の大部分	和歌山市

岡山県《おかやま》	備前国《びぜんのくに》・美作国《みまさかのくに》・備中国《びっちゅうのくに》	岡山市
広島県《ひろしま》	安芸国《あきのくに》・備後国《びんごのくに》	広島市
山口県《やまぐち》	周防国《すおうのくに》・長門国《ながとのくに》	山口市
徳島県《とくしま》	阿波国《あわのくに》	徳島市
香川県《かがわ》	讃岐国《さぬきのくに》	高松《たかまつ》市
愛媛県《えひめ》	伊予国《いよのくに》	松山《まつやま》市
高知県《こうち》	土佐国《とさのくに》	高知市
福岡県《ふくおか》	筑前国《ちくぜんのくに》・筑後国《ちくごのくに》・豊前国《ぶぜんのくに》の一部分	福岡市
佐賀県《さが》	肥前国《ひぜんのくに》の一部分	佐賀市
長崎県《ながさき》	肥前国の一部分・壱岐国《いきのくに》・対馬国《つしまのくに》	長崎市
熊本県《くまもと》	肥後国《ひごのくに》	熊本市
大分県《おおいた》	豊後国《ぶんごのくに》・豊前国の一部分	大分市
宮崎県《みやざき》	日向国《ひゅうがのくに》	宮崎市
鹿児島県《かごしま》	薩摩国《さつまのくに》・大隅国《おおすみのくに》	鹿児島市
沖縄県《おきなわ》	琉球国《りゅうきゅうのくに》	那覇《なは》市
新潟県《にいがた》	越後国《えちごのくに》・佐渡国《さどのくに》	新潟市
富山県《とやま》	越中国《えっちゅうのくに》	富山市
石川県《いしかわ》	加賀国《かがのくに》・能登国《のとのくに》	金沢《かなざわ》市

福井県《ふくい》	越前国《えちぜんのくに》・若狭国《わかさのくに》	福井市
鳥取県《とっとり》	因幡国《いなばのくに》・伯耆国《ほうきのくに》	鳥取市
島根県《しまね》	出雲国《いずものくに》・石見国《いわみのくに》・隠岐国《おきのくに》	松江市《まつえ》
長野県《ながの》	信濃国《しなののくに》	長野市
山梨県《やまなし》	甲斐国《かいのくに》	甲府市《こうふ》
福島県《ふくしま》	岩代国《いわしろのくに》・磐城国《いわきのくに》の大部分	福島市
宮城県《みやぎ》	陸前国《りくぜんのくに》の大部分・磐城国の一部分	仙台市《せんだい》
岩手県《いわて》	陸中国《りくちゅうのくに》の大部分・陸前国の一部分・陸奥国《むつのくに》の一部分	盛岡市《もりおか》
青森県《あおもり》	陸奥国の大部分	青森市
山形県《やまがた》	羽前国《うぜんのくに》・羽後国《うごのくに》の一部分	山形市
秋田県《あきた》	陸中国の一部分・羽後国の大部分	秋田市

行政庁名《ぎょうせいちょうめい》	**管轄区域《かんかつくいき》**	**行政庁所在地《ぎょうせいちょうしょざいち》**
北海道庁《ほっかいどうちょう》	渡島国《おしまのくに》・後志国《しりべしのくに》・石狩国《いしかりのくに》・天塩国《てしおのくに》・北見国《きたみのくに》・胆振国《いぶりのくに》・日高国《ひだかのくに》・十勝国《とかちのくに》・釧路国《くしろのくに》・根室国《ねむろのくに》・千島国《ちしまのくに》	札幌市《さっぽろ》
樺太庁《からふと》	樺太島の北緯《ほくい》五十度以南《いなん》の地	豊原市《とよはら》
朝鮮総督府《ちょうせんそうとくふ》	朝鮮半島及びその属島《ぞくとう》	京城府《けいじょう》
関東州庁《かんとうしゅう》	関東州	大連市《だいれん》
台湾総督府《たいわん》	台湾島及びその属島、澎湖《ほうこ》諸島及び新南《しんなん》群島	台北市《たいほく》
南洋庁《なんよう》	カロリン群島・マーシャル群島及びマリアナ群島	コロール島

初等科地理　下

一　大東亜

日出ずる国日本の東海岸に打ち寄せる波は、そのまま続いて、はてしもない太平洋を越え、はるかにアメリカの岸辺《きしべ》を洗っています。同じ波が、北は霧《きり》のアリューシャンに連《つら》なり、南は熱帯《ねったい》の海を越えて南極《なんきょく》に達《たっ》し、更《さら》にインド洋の荒波《あらなみ》にもつながっているのです。西にはまた、日本海・支那海など、ひとまたぎの内海《ないかい》をへだてて、高《こう》山《ざん》・大平原《だいへいげん》・大沙漠《だいさばく》を抱《いだ》く広大《こうだい》なアジア大陸が横たわっています。

日本は、この大海洋と大陸とを結ぶ位置《いち》にあって、一見《いっけん》小さな島国のように思われますが、よく見ると、北東《ほくとう》から南西《なんせい》へかけ、あたかもみすまるの玉のようにつながり、

東京中心の大東亜図

いかにも大八洲《おおやしま》の名にふさわしい、頼《たの》もしい姿をしています。北へも南へも、西へも東へも、ぐんぐんのびて行く力にみちあふれた姿をしています。

もともと、わが国は神のお生みになった尊《とうと》い神国で、遠い昔から開けて来たばかりでなく、今日《こんにち》も、こののちも、天地とともにきわまりなく、栄えて行く国がらであります。これまで、外国のあなどりを受けたことは一度もありません。遠い昔はいうまでもなく、近くは日清・日露の両戦役によって、国威《こくい》を海外に輝《かがや》かし、更に満洲事変・支那事変から、大東亜戦争が起るに及《およ》んで、いよいよその偉大な力を全世界に知らせることができました。

世界にためしのないりっぱな国がらであり、すぐれた国の姿をもったわが国は、アジア大陸と太平洋のくさびとなり、大東亜を導《みちび》きまもって行くのに、最《もっと》もふさわしいことが考えられるのであります。

大東亜の国々のうちでも、わが国の西隣りにある満洲及び

新京の大同街

支那は、日本と全く不可分《ふかぶん》の関係《かんけい》にある大切な国です。ことに、新興の満洲はめざましい発展《はってん》をとげ、日本とはいちばん親《した》しい間がらにあります。大陸の国支那は、土地が広く人口も多いせいか、なかなかまとまりにくい国ですが、大多数の人々は今やわが国をたよりとし、力を合わせて進もうとするようになって来ました。

更に大東亜戦争以来は、昭南島《しょうなんとう》を中心として、フィリピンや東インドの島々が、力強く大東亜の建設《けんせつ》に加《くわ》って来ました。これらの島々の続きぐあいは日本とよく似ており、その上、熱帯性《ねったいせい》の産物《さんぶつ》や鉱産《こうさん》が豊《ゆた》かで、いわば大東亜の宝《たから》ぐらにも当るところです。今までは米・英・蘭《らん》などの国々が、勝手《かって》なふるまいをしていたので、住民《じゅうみん》たちは、ひそかに日本の救《すく》いを待っていたのでした。

中でも昭南島は、太平洋とインド洋とを結びつける重要《じゅうよう》な位置《いち》にあるので、大東亜戦争が始ると、皇軍はすぐ北のマレー半島から攻め入って、これを占領し、続いてこれら

フィリピンの火山

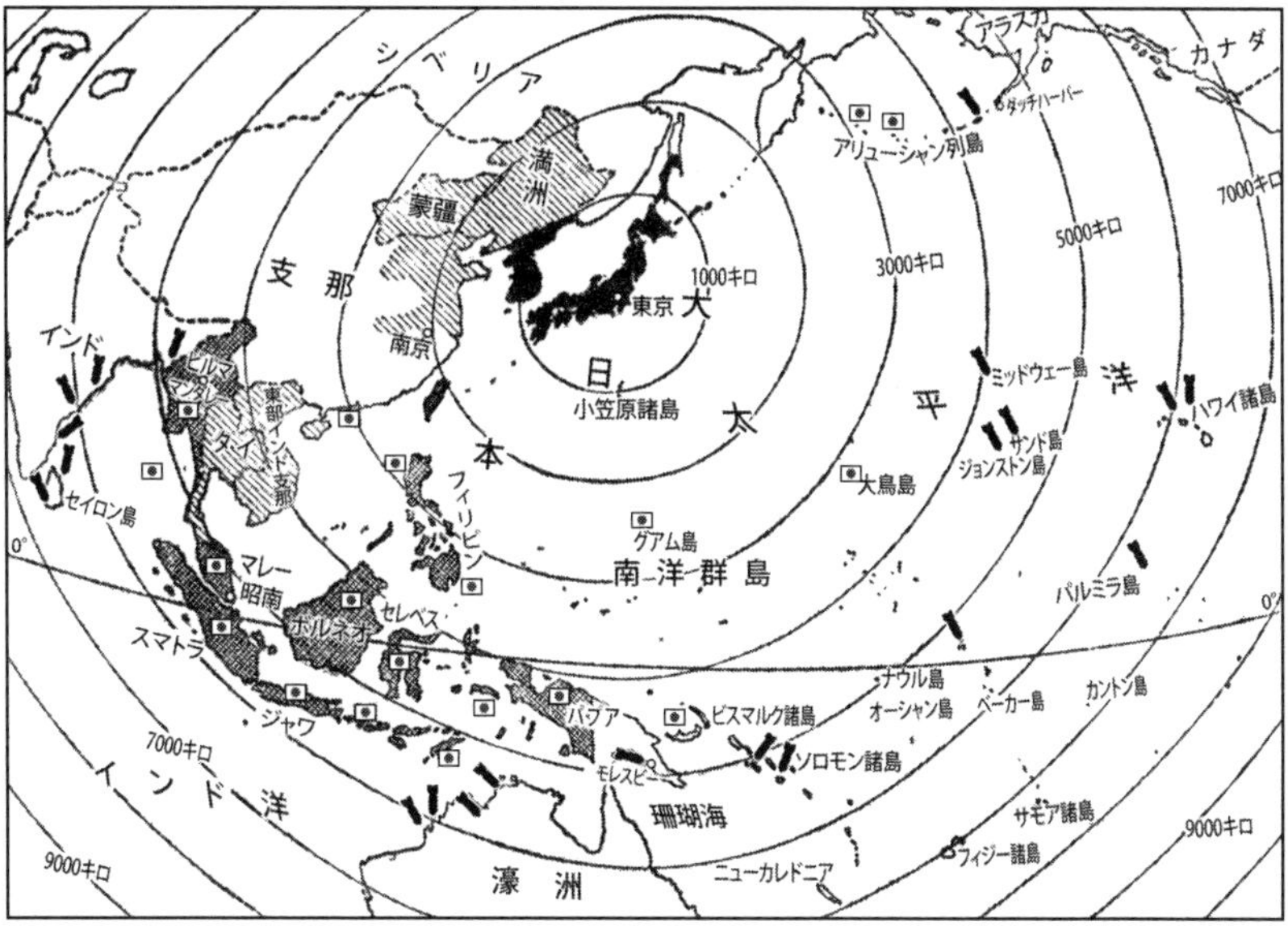

大東亜戦争の図

アジア大陸南東の島々から、米・英・蘭の勢《せい》力《りょく》をいっさい払いのけてしまいました。

マレーに続くインド支那半島では、真中《まんなか》にあるタイ国が、大東亜戦争が始ると、いち早くわが国に力を合わせ、やがて固い同盟《どうめい》を結ぶ間がらとなりました。インド支那の東部地方は、フランスと関係《かんけい》の深い地方ですが、これも戦争前から日本の味方《みかた》となり、経済的《けいざいてき》にもわが国と、しっかり結ばれています。また西部地方のビルマは、わが国の攻略《こうりゃく》によって、すっかり英国の勢力が払いのけられ、住民《じゅうみん》たちは非常《ひじょう》にわが国を信頼《しんらい》し、みずから進んで大東亜の建設《けんせつ》に協力《きょうりょく》しています。

インド支那の西にあるのが、広大《こうだい》なインドです。長い間イギリスの領地となり、多くのインド人は、あわれな生活を続けて来ましたが、今やかれらにも、めざめるのによい機会がやって来たのです。わが国の勢力はすでにインド洋へ及《およ》んでいますから、やがてインド人も、西アジアの人々とともに、アジアの民《たみ》としての本然《ほんぜん》の姿に立ち帰る日が来るでありましょう。

日本と満洲の北には、広いシベリアの寒冷《かんれい》な地方があり、南樺太に続く北樺太とともに、針葉樹《しんようじゅ》の大森林《しんりん》がひろがっています。またシベリア東部の海は、わが北洋《ほくよう》の漁場で、寒流性《かんりゅうせい》の魚《さかな》がたくさん取れます。千島列島の北《ほく》東《とう》には、北洋の中心カムチャッカ半島があり、更にアリューシャンの島々が、じゅずつなぎになって、アラスカへ続き、更にカナダ・アメリカ合衆国方面へ連絡《れんらく》しています。皇軍は、このアリューシャン方面へも力強く作戦をしています。

太平洋には、所々《しょしょ》に小さな島々がたくさん散《ち》らばっていますが、中には、真珠湾《しんじゅわん》の大爆撃《だいばくげき》で名高いハワイや、わが大鳥島《おおとりじま》などのように、きわめて大切な地点が少くありません。

南太平洋の一方、わが東インド諸島の隣りにある濠洲《ごうしゅう》は、大きな土地で、羊毛《ようもう》や小麦のたく

マンダレー入城とビルマ人の協力

わが北洋の漁業

さん産するところですが、その南東にあるニュージーランドとともに、人口はいたって少い地方です。これらはまだ大東亜建設の真意《しんい》を知らず、いたずらに米国や英国をたよって、反抗《はんこう》を続けています。

大東亜の諸地方《しょちほう》は、このようにわが国の力と指導《しどう》によって、新しく立ちあがり、また立ちあがろうとしています。これら地方のすべての人々を、大東亜民族としてよみがえらせ、おのおのそのところを得《え》させることこそ、日本の使命なのであります。

世界にはなお、アジアの西に続くヨーロッパや、その南方にあるアフリカ、また、日本とは太平洋をへだてた北アメリカ・南アメリカなどの諸地方があります。このうち、ヨーロッパにあるドイツやイタリアなどは、日本と特に親《した》しい関係を結んで、新しく正しい世界を打ち立てるために戦っています。

二　昭南島とマレー半島

東京からまっすぐに五千三百キロへだたった、赤道に近い昭南島は、太平洋からインド洋へ出るのに、通らなければならないのどのような場所を占めています。日本が大東亜の中心であるように、昭南島は南方諸地方の中心になっています。これほど重要なところですから、英国は、百二十年ばかり前からこの島をわがものにして、シンガポールといいならわし、軍港と商港の設備《せつび》をととのえて、非常に大切にしていました。ところで大東亜戦争が始ると、わが軍は五十五日でマレーを占領し、更に一週間で、難攻不落《なんこうふらく》をほこったシンガポールを落してしまいました。それ以来、島は昭南島、町は昭南市と改められ、マレー半島およびスマトラとともに、わが国によって治《おさ》められ、日一日と発展《はってん》の一路をたどっています。

昭南島から、ジョホール水道をへだてて北に続く地方が、マレー半島です。それは、インド支那半島から南にぐっと

コタバルの上陸地点

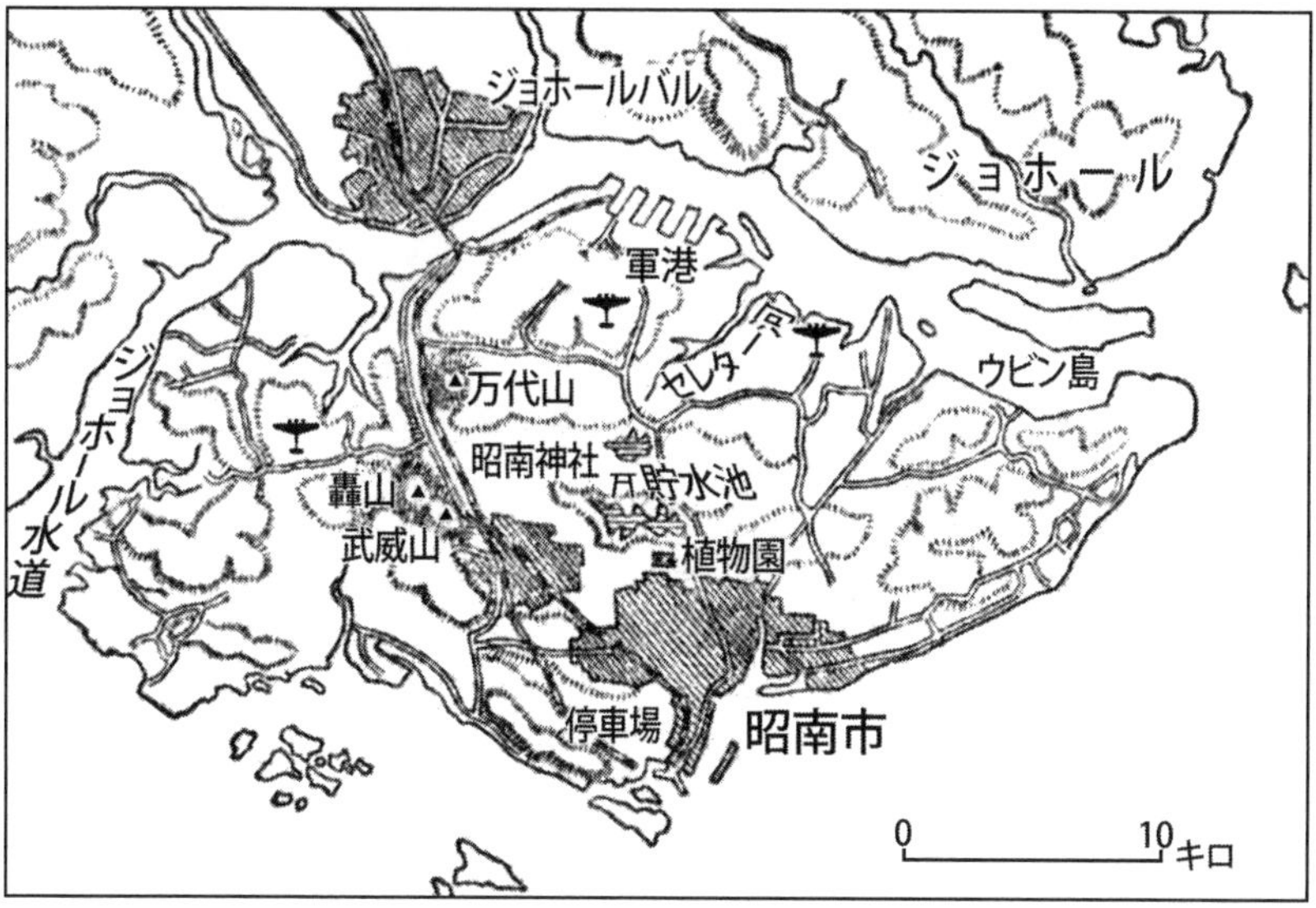

昭南島

差《さ》し出した腕首《うでくび》のようなところで、広さは台湾の四倍ほどあります。南西はマラッカ海峡をはさんで、スマトラへひとまたぎです。

ゴム・錫《すず》・鉄

マレー半島は、世界一のゴムの産地です。昼なお暗い密林を伐《き》り開いて作った畠の中に、きちんと並んだゴムの林が、汽車の窓からも眺《なが》め

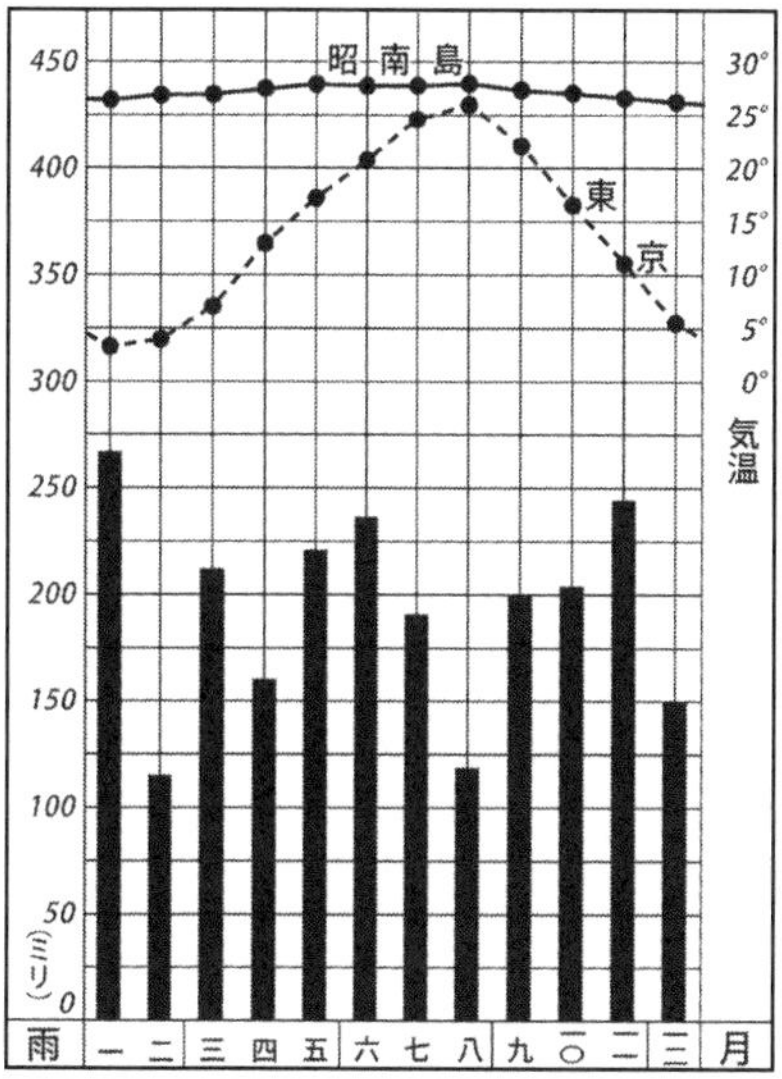

昭南の気候表

マレーのゴム園

られます。元来《がんらい》ゴムは、年中暑くて、気温に変化《へんか》が少く、雨が多く、しかも大風《おおかぜ》の吹かない土地に適《てき》するものですが、マレーは、ちょうどそれにあつらえ向きの気候です。日本人の経営《けいえい》したゴム園も、前からジョホール州を中心に、あちらこちらにありました。大東亜戦争以前、英国は、ゴムの大部分を米国へ売り出していました。

また海岸には、ココやしがよく茂っています。米もよくみのりますが、これまでは、この地方の人たちがたべるほど産出《さんしゅつ》しませんでした。おいしい熱帯の果物《くだもの》は、一年中たべられます。

錫《すず》の産出は、世界の三分の一あまりに達し、昭南港とピナン

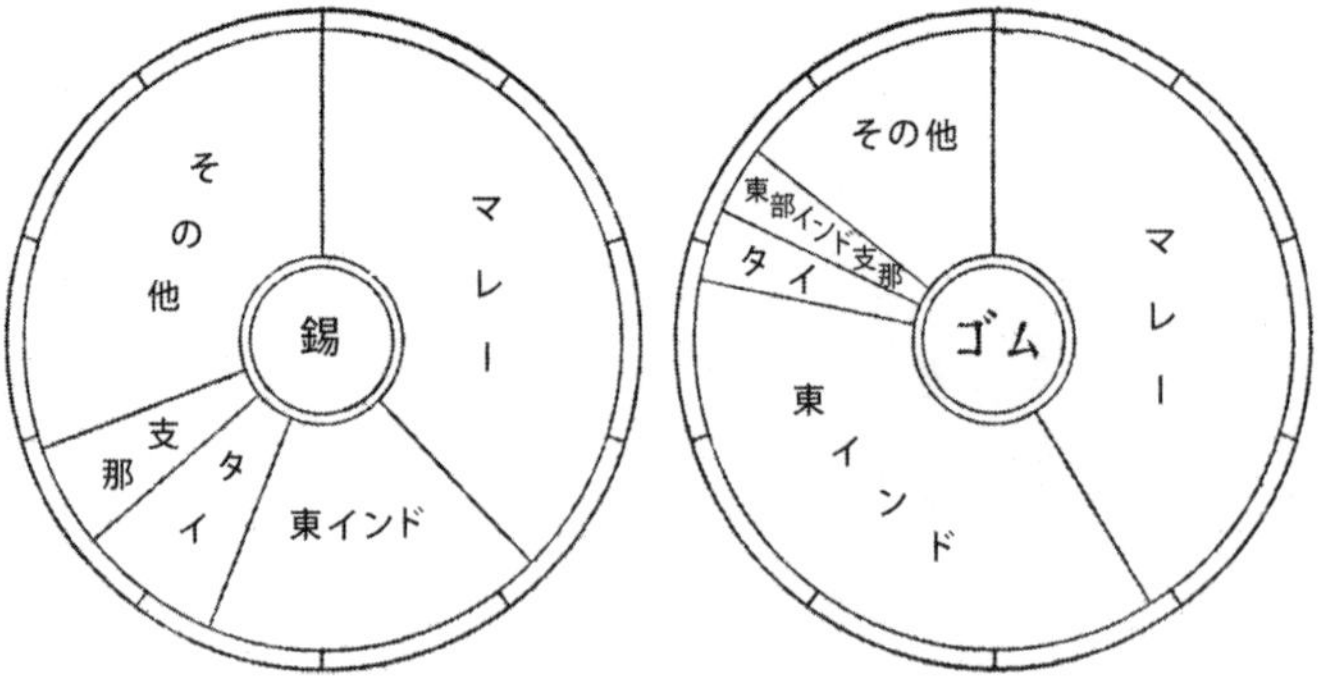

ゴムと錫の産額のわりあい

から輸出されたものです。鉄山は、前からほとんど日本人が経営していたもので、鉄鉱の質がよく、わが国へ盛んに送り出されました。半島の南部とビンタン島からは、アルミニウムの鉱石になるボーキサイトを産します。

マレーの住民

マレーの人口五百五十余万のうち、いちばん多いのは、いわゆる華僑《かきょう》と呼ばれる支那人で、次はマレー人、それからインド人です。ヨーロッパ人は、最近でもごくわずかしかいませんでした。昔、日本人がこの半島へ盛んに来たことがあって、八幡船《ばはんせん》を思い出させるパハン州の名は、そのころのことを物語るものといわれています。今では、日一日と日本人の数がふえて行きます。

昭南市の人口は六十万ぐらいで、おのずから三区に分れています。南の支那人町、中部の海に沿った繁華《はんか》な商業町、北のマレー人町がそれで、わが国の大商店は主として中部にあり、島内の岡の上に昭南神社があります。大汽船の停泊《ていはく》する

昭南市

ところは、町の南の方にあり、そのあたりは広くて深い港で、各地方の船が集って来ます。島の中には、りっぱな飛行場がいくつかあるし、北東の軍港も次第にととのって行きます。

マレー半島の北西にある島の港ピナンや、内陸にあるクアラルンプールなど、いずれもりっぱな都市であります。有名なマレー沖海戦は半島の東海岸の沖合《おきあい》で行われたのです。

三　東インドの島々

東インドの島々は、アジア南東部の海上、太平洋とインド洋との間にまたがって、大きくひとかたまりになっています。ボルネオ・スマトラ・ジャワ・セレベス・パプアなどの大きな島や、それに続く無数の島々から成っていて、よく注意《ちゅうい》して見ると、日本に似て、弓なりになった山脈の続きが見られることや、火山帯がひとつながりになっていることは、われわれに何となく親《した》しみをさえ感じさせます。

島々は赤道のごく近くにあるため、気候はいっぱんに熱帯性で、四季《しき》の区別がありません。風の向きによって、乾季《かんき》と雨季《うき》に分れるのがふつうです。ほとんど毎日、わが国の夕立のようなスコールがやってくるので、わりあいしのぎよいのです。山地へ行けば、気候のたいそう温和なところもあります。いっぱんに、強い日光と豊富《ほうふ》な

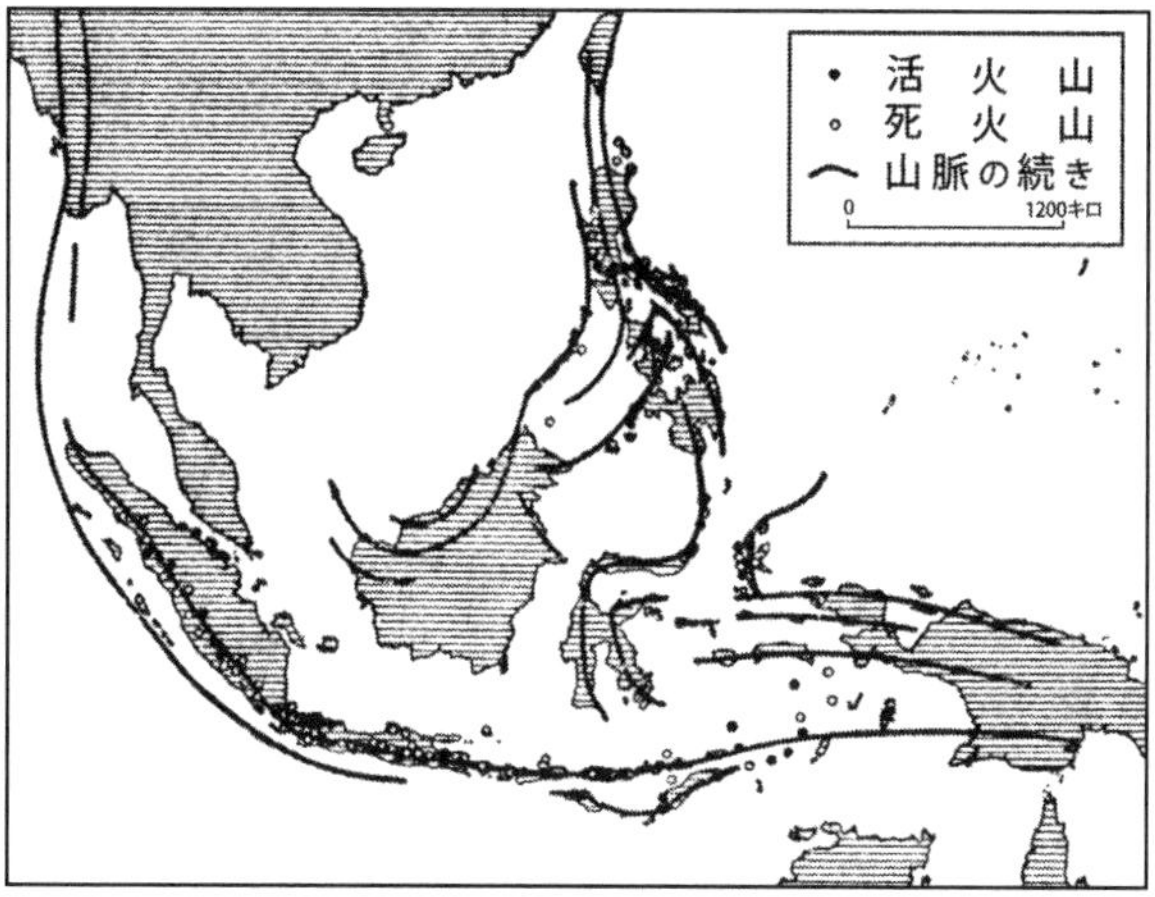

山脈と火山の続き

雨に恵《めぐ》まれていますから、農産物や林産物はぐんぐん生育し、また大東亜建設のために大切な鉱産物も、たくさん地下にあります。

これらの島々は、長くオランダやイギリスの領地《りょうち》となっていましたが、これも大東亜戦争が始ると、わずか数箇月の間に、ほとんど全部がわが軍に占領され、以来住民は、日本の力に導かれながら、希望にみちて働《はたら》くようになりました。

日本人は、以前からこの地方で、熱帯の気候や病気やその他の困難《こんなん》に堪《たえ》えながら、いろいろの方面に活躍《かつやく》していました。今後の活動は、いっそうめざましいことでありましょう。華僑《かきょう》もいたるところに住み、主として商業方面に勢力を持っています。

石油とゴムのスマトラ

スマトラは朝鮮をのぞいたわが国の大きさと同じぐら

ジャワの風景

スマトラの住民の家

いな大島《だいとう》ですが、人口はあまり多くありません。住民は高原にも多く住んでいますが、また北東部にひろがっている平野の一部を伐《き》り開いて、ゴム・たばこ・やしなどを作り、大きな農場も数多く見受けられます。中でも、ゴムは、マレー半島に次ぐ産額《さんがく》を示し、火山灰の積《つも》った原野《げんや》にはよいゴム園《えん》があります。マレーと同じく、日本人の苦心《くしん》して経営《けいえい》したゴム園も少くありません。広い高原《こうげん》地帯もあって、やがて盛んに開拓《かいたく》されるでありましょう。山の中には、りっぱな米倉《こめぐら》を持つ住民の住んでいるところもあります。

ジャワの民家

戦争前のパレンバンの石油積出場

スマトラは、東亜第一の石油の産地であることを忘れてはなりません。勇敢《ゆうかん》なわが陸軍の落下傘部隊《らっかさんぶたい》が占領したパレンバン附近の油田《ゆでん》を始め、その北方のジャンビー附近、北部地方など、所々に油田があり、一年に五百万トン以上を産します。マレー半島の方と連絡《れんらく》のあるバンカ・ビリトンなどの島々は、錫《すず》を多く産出するので有名です。

人口の多いジャワ

ジャワは大きさがわが本州の六割ぐらいですが、人口は本州よりちょっと少いというところで、従って人口密《みつ》度《ど》の高いことは世界一といわれ、この点でほかの島々とは非《ひ》常《じょう》に違《ちが》っています。それは、一つにはこの土地が、たくさん

ジャワの火山

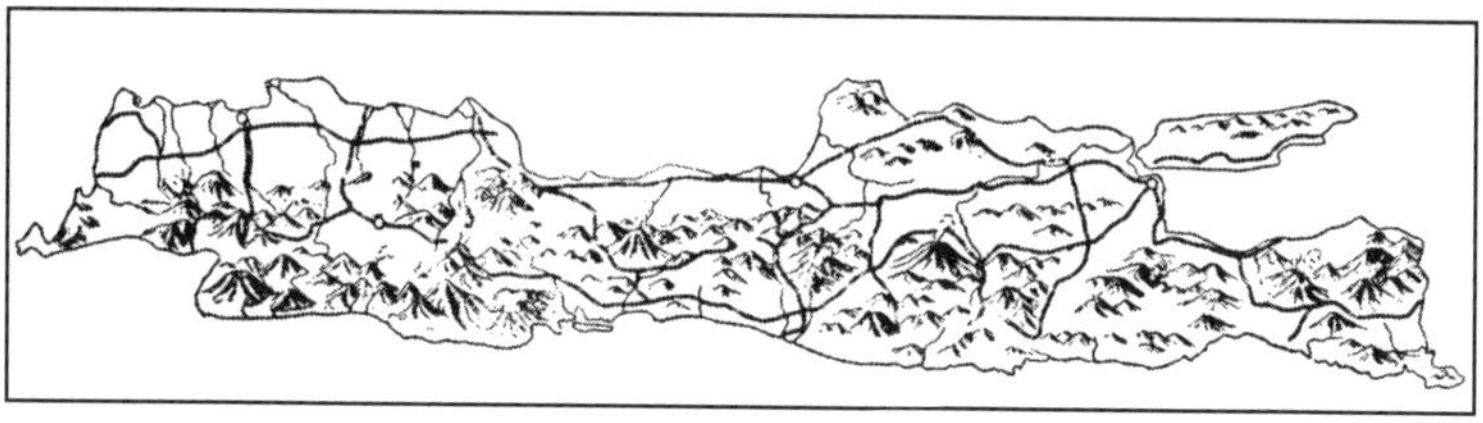

ジャワの山々

の、しかもいろいろな産物に恵《めぐ》まれているからであります。

島の南側には、数多い火山が並んでいて、富士山のような形の美しい山も見られます。道路や鉄道もよく発達して、ジャカルタ・スラバヤ・サマラン・バンドンなど、設備《せつび》のととのった、りっぱな都市があります。ジャワは、三百年の間、少数のオランダ人によって、わがままな支配《しはい》を受けたところです。住民の大部分はごく従順《じゅうじゅん》で、竹としゅろとで作ったそまつな家屋《かおく》に住み、回教《かいきょう》を信じています。ここには、華僑《かきょう》が約六十数万人も住んでいて、商業の方面で活動を続けています。

ジャカルタは島の北西部にある政治・商業の中心地で、町は一帯の低地と、住宅などの多いやや高い部分とからなっています。ジャカルタの南のボイテンゾルグには、世界一といわれる熱帯植物園《しょくぶつえん》があります。スラバヤは、マズ

ボイテンゾルグの植物園

ラ島をひかえた東インド第一の軍港で、商業も盛んに行われています。この沖からジャカルタ沖にかけての海戦で、わが海軍は米・英・蘭《らん》の連合艦隊《れんごうかんたい》を撃《う》ち破りました。

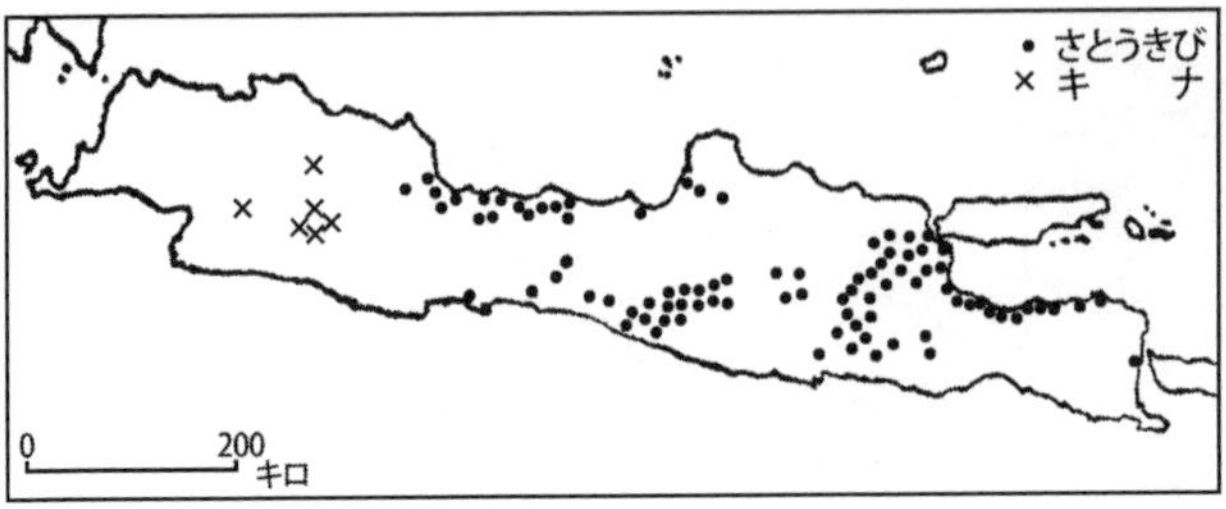

さとうきびとキナ

ジャワには米を始め、さとうきび・ゴム・やし・タピオカ・たばこ・茶・コーヒー・キナ・じゃがいもなど、ほとんど数え切れないほどたくさんの産物がありますが、この中でいちばん有名《ゆうめい》なのは、さとうきびとキナです。

さとうきびは主に平地に栽培《さいばい》され、雨季《うき》と乾季《かんき》のわりあいはっきり分かれている、中部から東部にかけての農園で、特に多く産します。今後大東亜の国々へ送り出されたり、アルコールの原料《げんりょう》になったりすることでありましょう。

キナは、熱帯地方でかかりやすいマラリア

キナの林

病をなおすのに、大切な薬の原料となる植物です。もと南米から移《い》植《しょく》したのですが、ジャワの土地によく適《てき》し、世界の九割を産するようになりました。高さ一千メートル以上の高地《こうち》で、年中涼しく、雨が多く、しかも風のあまり強くない場所に適し、バンドン附近の山地がその中心地です。じゃがいもも、やはり高い土地でないとよくできません。この名は、ジャカルタの昔の名ジャガタラから起ったものです。タピオカはもっぱら住民《じゅうみん》の食料となっています。

石油と森林のボルネオ

ボルネオは日本全体より少し大きい島で、北の方には四千メートル以上の山があります。海岸にあるいくつかの開けた港をのぞけば、大部分は、はてしない密林と沼沢《しょうたく》です。川がこの島の主な交通路《こうつうろ》で、かなり奥地《おくち》まで舟がのぼって行きます。また、わにの住んでいる川もあります。

この島の鉱産のうち、最も大切なものは石油で、北西部のセリア・ミリ、北東部のタラカン島、東部のバリクパパン附近のサンガサンガ

戦争前のバリクパパン

油田などが有名です。今まで島全体から、年約二百五十万トンぐらいを産していました。

平地は、いっぱんに暑くて雨が多く、ゴム・サゴやし・麻《あさ》などに適《てき》し、また、ラワン・鉄木《てつぼく》などの有用《ゆうよう》な材木が多く、次第に伐《き》り出されるようになりましょう。タワウ附近では、日本人によって早くから農園が開かれ、また漁業も盛んに行われて来ました。南方のバンジェルマシンは、いかだや、小舟や、くいの上に建てられた、ふうがわりな水上家屋《かおく》が密集《みっしゅう》している大部落《らく》です。また北西にあるクチンは、支那風の商店の多い町です。

北ボルネオの住民

セレベスとその他の島々

セレベスはボルネオの東部にあって、細長い半島をかれこれ組合わせたような変った形をした、山地の多い島です。北東部のミナハサ半島には美しい火山があり、その端《はし》にメナドがあります。わが海軍の落下傘《らっかさん》部隊が、活躍《かつやく》したところです。日本人と同じ祖先を持つと信じている住民が、日本人の指導のもとに、ココやし・綿・米などの栽培《さいばい》を盛んに始めています。この附近では、以前から日本人が、かつおやまぐろの漁業に活動して来ました。

メナドの落下傘部隊

メナドから船で行くと、大体四日で行ける南西の端《はし》のマカッサルは、東インド諸島《しょとう》のほぼ中心にある大切な港で、大きな汽船も桟橋《さんばし》へ横着《よこづ》けすることが出来ます。

セレベスは、ボルネオと同様に深い森林におおわれた部分が多く、ニッケルや鉄鉱も産出する見込みであります。森林からは、したんやこくたんも伐《き》り出されます。

セレベスの東方にあるモルッカの島々は、昔、香料《こうりょう》諸島と呼ばれたことがありますが、それはセレベスとともに、いろいろの香料を産出したからです。南の方にあるセラム島に近く、アンボンの要地があります。

ジャワの東に続く島々は、東西にならんでいて、ところどころに火山が噴出《ふんしゅつ》しています。東《とう》方《ほう》にあるチモール島は、コーヒー・ゴムなどのほか、石油・金が有望《ゆうぼう》であるとされています。

未開の大島パプア

わが南洋群島の南にあるのがパプアで、ボルネオよりさらに大きな島です。高い山脈が、北西から南東へかけ、ほぼ島の真中《まんなか》を走り、美しい極楽鳥《ごくらくちょう》のすむといわれる深い山や谷があります。ちぢれ毛のパプア人が、全島でわずか八十万ばかり住んでいますが、海岸の一部をのぞくと、大部分はまだほとんど開けていません。

しかし、日本人が北西の海岸モミ附近で、綿・ジュートなどの試作《しさく》に成功していますから、農業の将来は有望であり、鉱産なども有望だとされています。また森林からは、今後ダマール樹脂《じゅし》が、たくさん産出するでありましょう。

モミの北にマノクワリ港があり、島の

パプアの住民の家

南東にモレスビーの要地があります。この南東で、珊瑚海《さんごかい》海戦が行われ、わが海軍は大勝を博《はく》しました。パプアの北東にはビスマルク諸島があり、そのなかのニューブリテン島には、ラバウルの良港があって、ソロモン諸島方面への大切な基地となっています。

モミの綿の積み出し

ダマールの林

四　フィリピンの島々

台湾の南、わが南洋群島の西に、フィリピンの島々があります。島々は、北から南東へ、または南西へと脈状をなして連《つら》なっていて、火山も所々にあります。太平洋側《がわ》に沿ってフィリピン海溝《かいこう》という、世界でいちばん深い縦長《たてなが》の海底が続いていることも、日本近海のようすとよく似ています。

たくさんの島々のうち、大きくて重要なのは、秀吉のころからわが国に知られていたルソン島と、マニラ麻で名高いミンダナオ島です。そうしてこの二つの間にもたくさんの島々があります。

米国は、アジア方面へ発展する基地として、四十年来フィリピンを支配《しはい》して来ましたが、大東亜戦争が始って半年のうちに、わが軍は全部の島々を占領してしまいました。マニラ湾の北西のバターン半島や、入

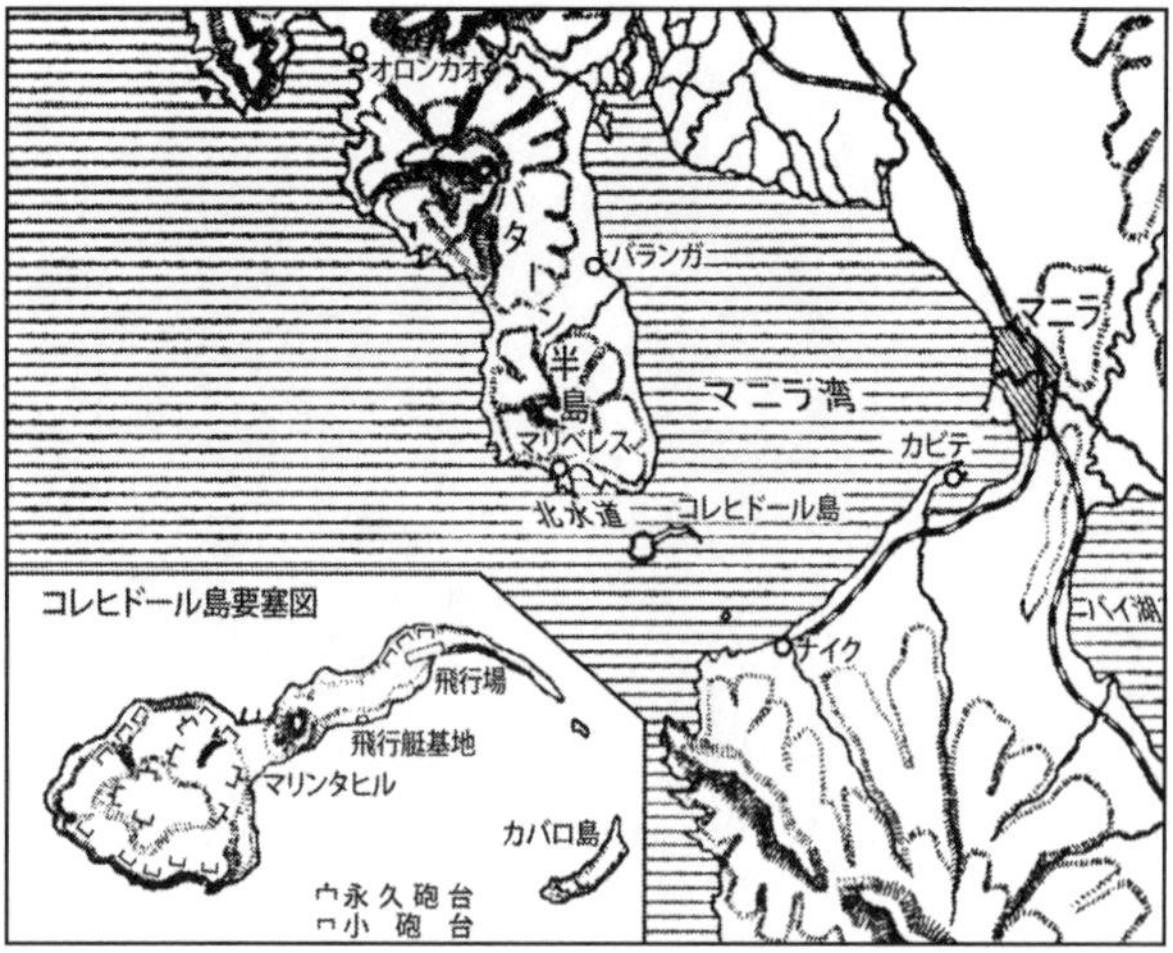

マニラ附近とコレヒドール島

口にあるコレヒドール島には、はげしい戦のあとが見られます。

さとうきび・コプラ・マニラ麻《あさ》・銅

フィリピン人は、日本人と同じく米を常食としていますし、米はルソン島を始め各地に産しますが、生産高のわりあいはわが国の三分の一にも及ばず、住民のたべるのにも不足しています。さとうきびは、ジャワと同じく、雨季と乾季のはっきりしている島々の中ほどか、西側の方に多く産します。将来《しょうらい》、綿の栽培《さいばい》も有望です。

ココやしは、風の強い島々の東側にもよく育ち、ちょうどわが国の海岸の松のような茂《しげ》り方です。実《み》はかわかし、コプラとして盛んに輸出します。分布図でわかるように、マニラ麻が、ミンダナ

フィリピンのココやし

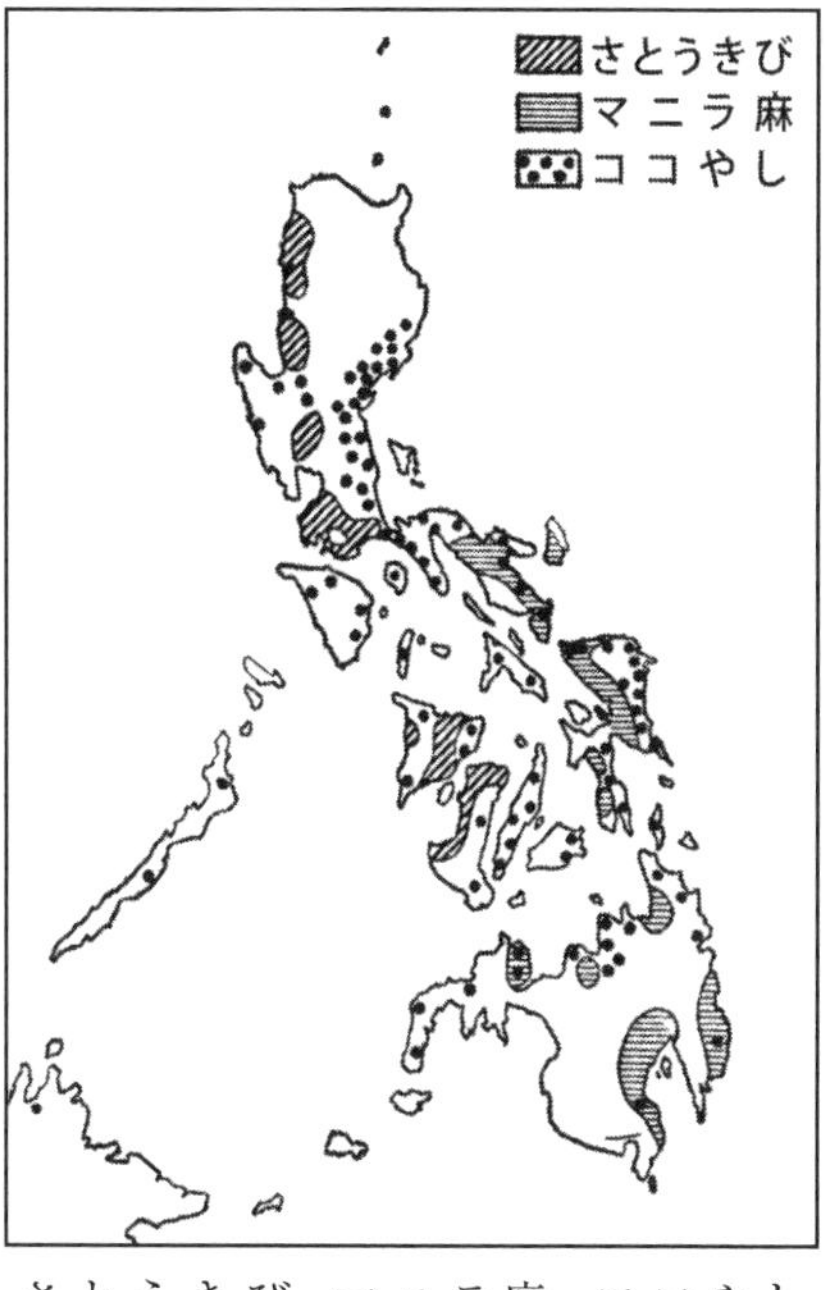

さとうきび・マニラ麻・ココやし

ダバオの耕地

オ島を主とする南部の島々に多いのは、年中雨が多く、台風《たいふう》のえいきょうの少い場所に適《てき》しているからです。

銅・鉄・金・クロームなどは、この地方の大切な鉱産物で、鉄鉱は、前からわが国へ輸出されていました。銅の産出はこれからで、将来有望の見込みであります。広い森林《しんりん》の中からは、ラワンがいちばん多く伐《き》り出されています。

フィリピンの住民

フィリピンの住民は、始めスペインに支配されていましたが、そのころから、大部分がキリスト教を信じるようになりました。いっぱんに従順《じゅうじゅん》な性質《せいしつ》を持っていますから、今後日本人の指導《しどう》を受けて、なまけやすい欠点《けってん》も、次第《しだい》に改《あらた》めて行くでありましょう。

住民と渡し船

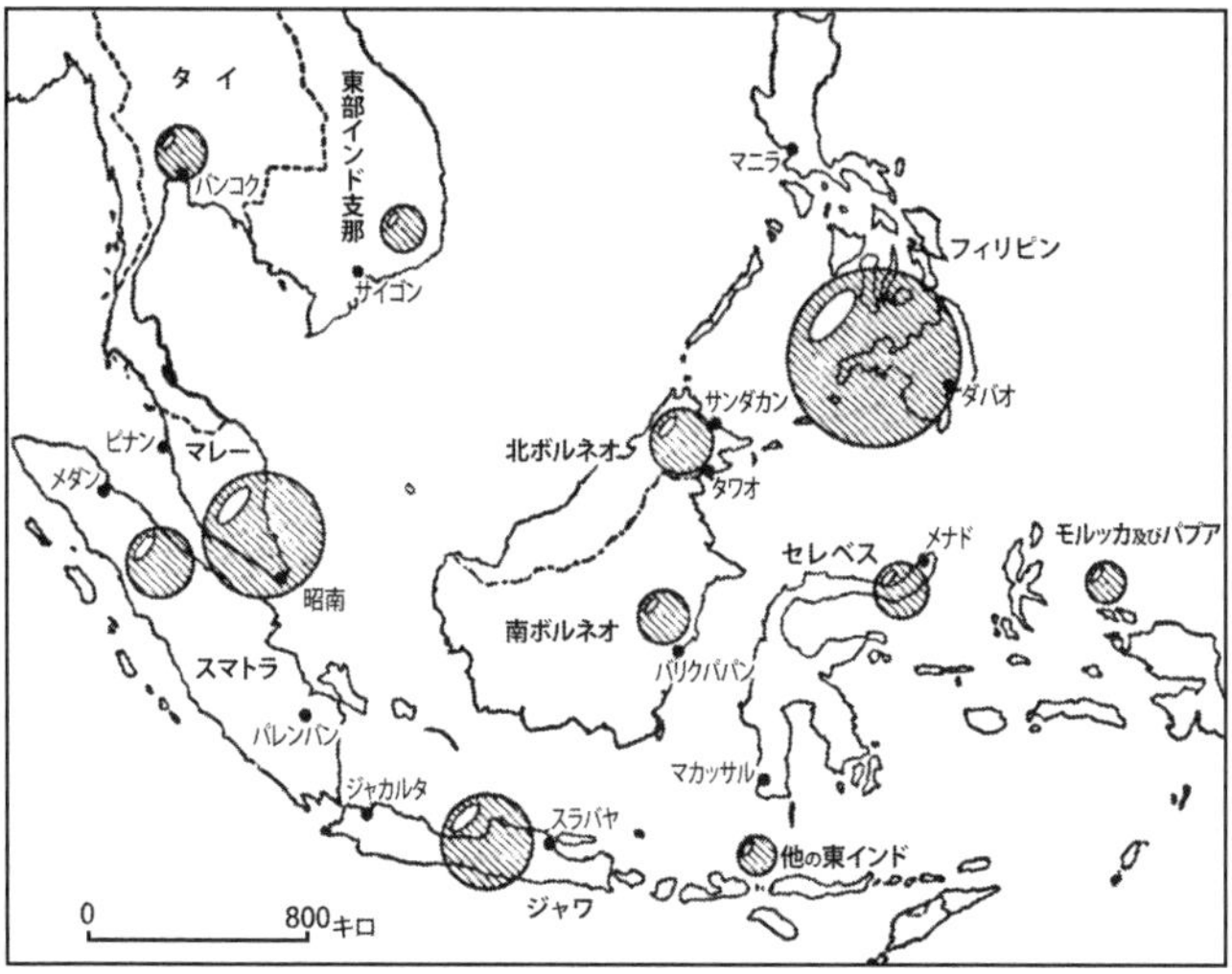

南方諸地方の戦争前日本人の分布

ミンダナオ島のダバオ附近には、四十年ぐらい前から日本人が移住《いじゅう》して、一時は二万近くをかぞえ、農業や林業を盛んに営《いとな》んでいました。マニラ麻を有名にしたのも、全く日本人の努力のたまものです。また、戦前マニラ市には約四千五百人、マニラ北方にある千数百メートルの高地《こうち》バギオ附近にも、約三千人の日本人が住んでいました。マニラは設備《せつび》のととのった商港で、近くにはカビテの軍港があります。このほ

マニラの町

かセブ・イロイロなども、前から日本人の住んでいたところで、それぞれ地方の中心都市です。セブの近くの島には、海の探検家《たんけんか》マゼランがここでなくなったので、その記念碑《きねんひ》があります。

マゼランの記念碑

五　満洲

朝鮮と隣り合って、日本とはまるで親子のような間がらにある国が、満洲です。その国境をながめると、北東から北へかけて、シベリアとの境が長々と続き、一部分のほかは、およそ川によってへだてられています。すなわち、北の方には黒龍江《こくりゅうこう》があり、北東にはその支流のウスリー江があります。北西の方は、興安嶺《こうあんれい》の西側にあたるホロンバイル高原から外蒙古《そともうこ》に続き、ノモンハンは国境の近くにあります。南西には熱河《ねっか》地方があり、興安嶺によって蒙疆《もうきょう》と境《さかい》しています。また北《きた》支那とは、万里《ばんり》の長城《ちょうじょう》によってしきられています。海にのぞんでいるのは南の一部だけで、そののど首のところにわが関東州があり、大連《だいれん》はその出入口《でいりぐち》であります。

満洲は、およそ北緯《ほくい》四十度から五十度にまたがっていますから、北海道や樺太と同じぐらいの緯度にあり、新京《しんきょう》は札幌《さっぽろ》よりも少し北に当っています。

黒河の町と黒龍江

平原の国大陸性の気候

満洲は、大平原を真中《まんなか》にひかえ、わが国の二倍ほどもある国で、全体の形は、大きな菱形《ひしがた》を思わせます。大平原の南には遼《りょう》河《が》が流れ、北には黒龍江の支流の松花江《しょうかこう》や、嫩江《のんこう》が悠々《ゆうゆう》と流れています。これらの流域《りゅういき》は、全くひと続きの平原になっていて、遼河の流域を南満《なんまん》といい、松花江・嫩江などの流域を北満《ほくまん》といっています。朝鮮との境には鴨緑江《おうりょくこう》と豆満江《とまんこう》が流れ、この附近は山地が続き、平野は見られません。

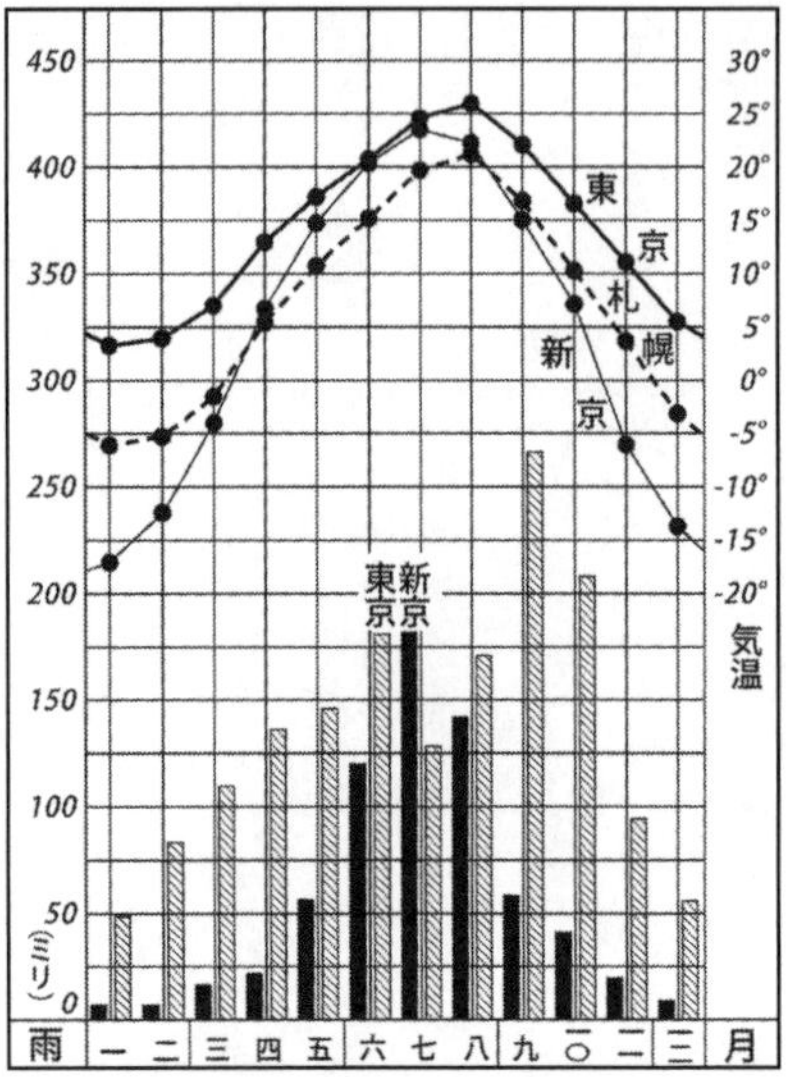

東京と新京の気候表

大陸の一部であることと、海のえいきょうが少いことで、気候は大陸性《たいりくせい》の特色をあらわしています。気候表でわかるように、新京の冬は、一月の平均気温が零《れい》下十七度ぐらいにくだりますが、札幌は零下六度ぐらいです。しかし、満洲の冬はよい天気が続き、いっぱんに明かるい感じがします。夏

氷上の輸送

になると、こんな北にあるのにかなり暑く、札幌よりも高温です。

　雨は、一年のうちで夏がいちばん多いので、農産物の生育《せいいく》によく適しています。しかし、いっぱんに満洲は雨が少く、新京の雨を東京に比較しますと、三分の一ぐらいしか降りません。西の方へ行くに従ってますます雨は少く、ついに草原や沙漠《さばく》さえ見るようになります。

大豆とこうりゃん

　満洲は世界一の大豆の産地で、全満の平原に分布していますが、これは気候や地味《ちみ》がよく大豆に適しているからです。こうりゃんは、北満よりも南満の方が少し多く、これが育つと、丈《たけ》が高くのびて畠の見通しがききません。大豆は、主に日本その他へ輸出しますが、こうりゃんはほとんど国内で使います。大豆や豆油《まめあぶら》は、日本人の食糧《しょくりょう》となり、また、工業方面でいろいろ役だちます。また、豆油をとっ

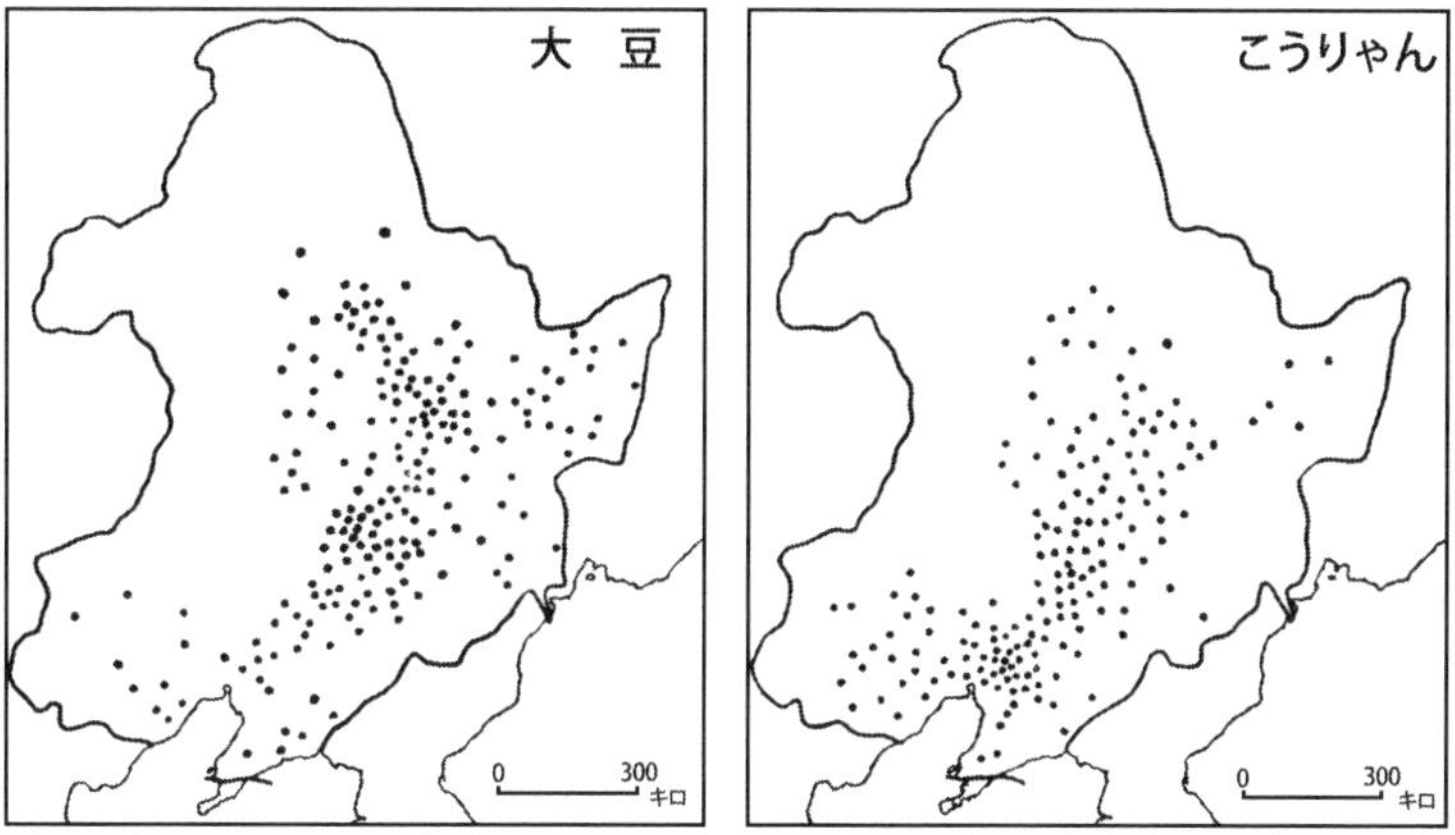

大豆とこうりゃん

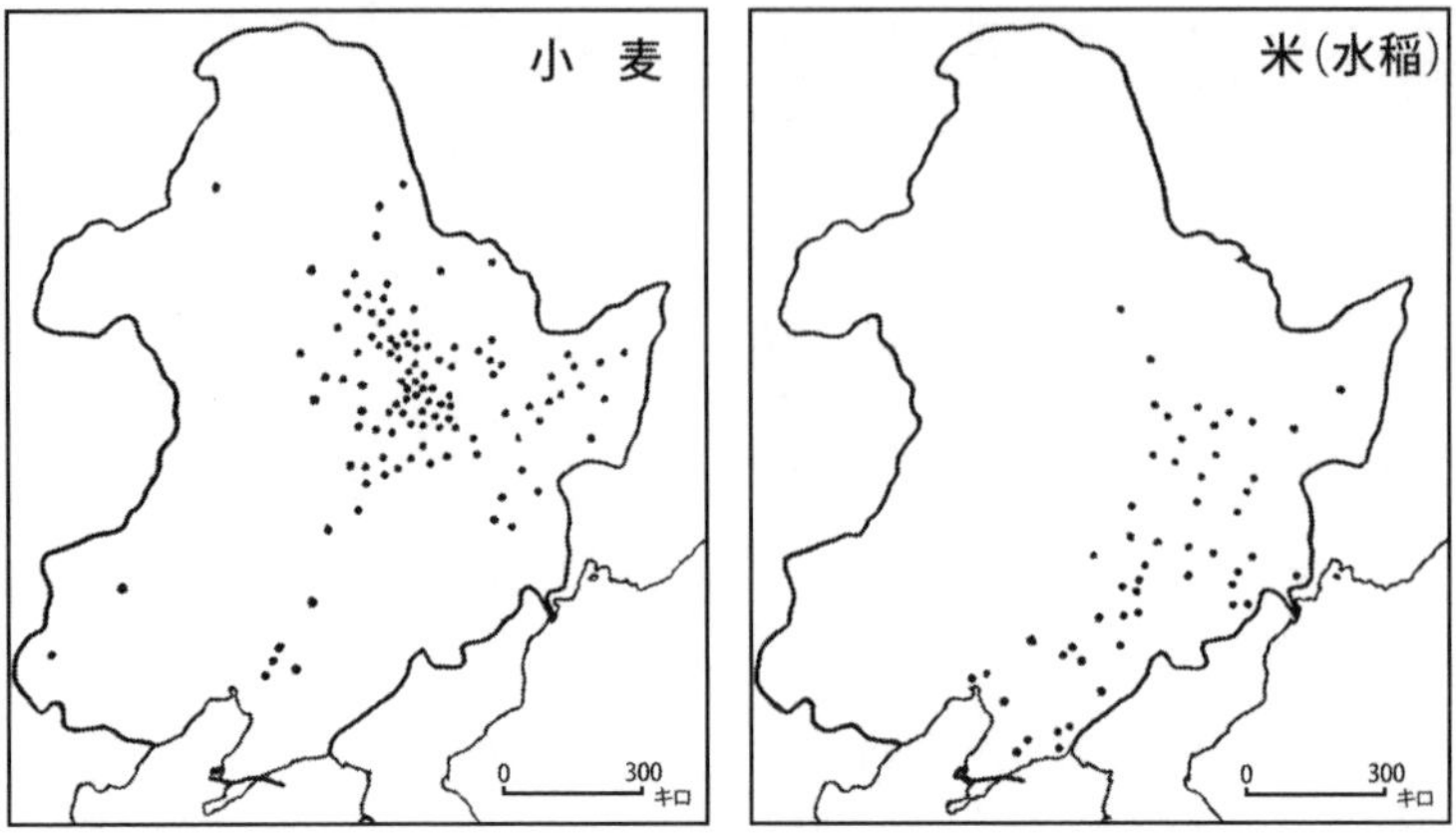

小麦と米

たあとの豆粕《まめかす》も、肥料として大切であります。

このほか、粟《あわ》・とうもろこし・小麦なども多く取れますが、小麦は雨の少い北満に、とうもろこしは主に南満に産します。米は半島人の多い満洲の東部に多く、最近《さいきん》では、わが開拓民《かいたくみん》の手で、樺太と同緯度の辺《へん》にまで作られるようになりました。綿は南の方でなければ産しません。

満洲の西の方には、草原がひろがっていて、羊を飼う住民の群《むれ》がところどころに見られ、大切な羊毛《ようもう》の産地となっています。

朝鮮との境に近い山地

大豆の積み出し

や、北満の山地には、ちょうせんまつ・ちょうせんもみ・からまつなどの森林があって、次第に伐《き》り出されています。関東州に続く海岸の塩田《えんでん》も、重要であります。

石炭と鉄

石炭は満洲の地下にある大切な資源《しげん》の一つで、約二百億トンもあるものと見積《みつ》《も》られています。撫順《ぶじゅん》の露天掘《ろてんぼり》は、鞍《あん》山《ざん》の製鉄とともに、日本人のすぐれた技術《ぎじゅつ》を示すものとして有名です。このほか、阜新《ふしん》・鶴岡《つるおか》・密山《みつざん》などの大炭田が続々《ぞくぞく》見出されています。鉄山は、鞍山《あんざん》、本渓《ほんけい》附近、東辺道《とうへんどう》方面

炭田・鉄山・山金

撫順の露天掘

などにあって、満洲全体では、約三十億トンもあるといわれています。鞍山の鉄は、よい鉱石ではありませんが、りっぱに製鉄することができるようになりました。このほか、人造石油・マグネシウム・アルミニウムも作り出され、金・銀・砂金なども産します。このように、満洲には石炭や鉄が多く、また鴨緑江・松花江・鏡泊湖《きょうはくこ》などの水力発電も盛んになって来ましたので、種々の工業が、奉天《ほうてん》を始め、南満の各地に興《おこ》って来ています。

日満の連絡《れんらく》

日本から満洲へ行く路を地図でしらべましょう。まず、門司《もじ》から船で大連《だいれん》まで行き、そこから満洲へはいる海の路があります。次に、関釜連絡船《かんぷれんらくせん》で釜山《ふさん》にあがって、汽車で朝鮮を南から

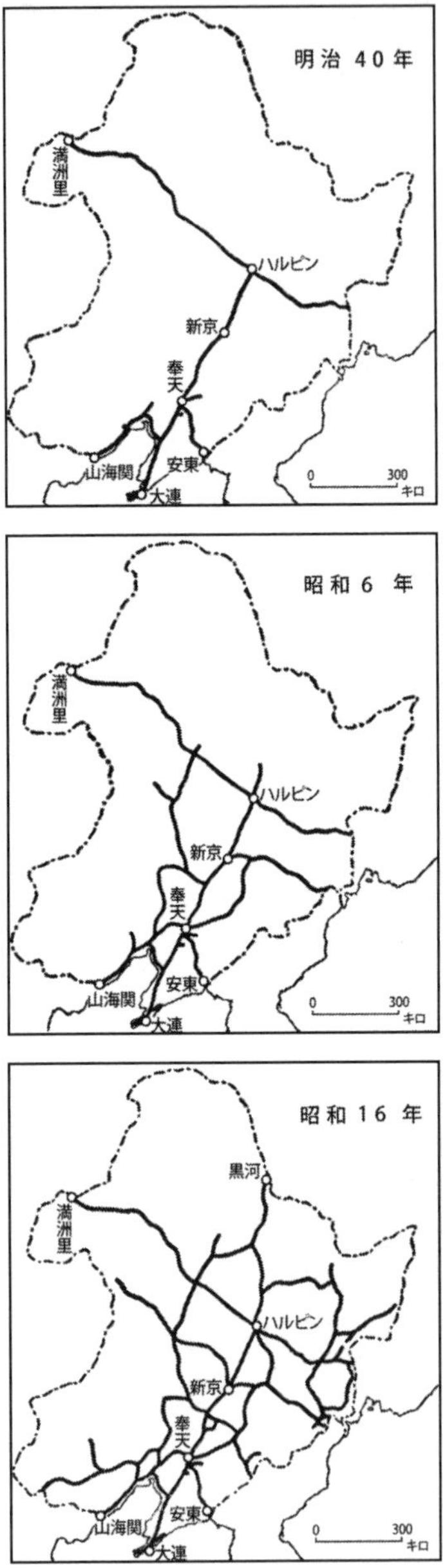

鉄道網の発達

あじあ号

北へ走り、安東《あんとう》から満洲へはいる路があります。いま一つ、日本海を渡り、北朝鮮の港の一つを経《へ》て、新京へ行く路があります。東京から新京まで、釜山を経由《けいゆ》するものは五十五時間、他の二つは大体七十時間です。航空機によると、直通《ちょくつう》航路は六時間ぐらいで着くことができます。

満洲の鉄道は、わが満《まん》鉄《てつ》、すなわち南《みなみ》満洲鉄道株式会社が、全部を経営《けいえい》しています。これは、日

奉天の駅前通

今の新京と十年前の新京

露戦役後間もなく、大連から新京までの鉄道、そのほかいろいろな経営を引受け、ひと通りでない苦心によって、今日の基礎《きそ》をつくりあげたものです。大連から新京まで、七百キロを、九時間半で走る特急あじあ号は、速《はや》いのと乗心地《のりごこち》のよいのとで有名です。

新京と奉天

満洲の主な都市が、交通と深い関係のあることは、地図を見てもわかります。奉天・四平《しへい》・新京・ハルピン・吉林《きつりん》・牡丹江《ぼたんこう》・チチハル・錦県《きんけん》などは、よい例でしょう。中でも、三月十日の大会戦で名高い奉天は、南満の中心地であり、今では盛んな商工業都市として発達し、いわば満洲の大阪に当るものとなりました。旧城内《きゅうじょう》と、日本人の作った新市街と、工場の多い地区の三つから成り、人口

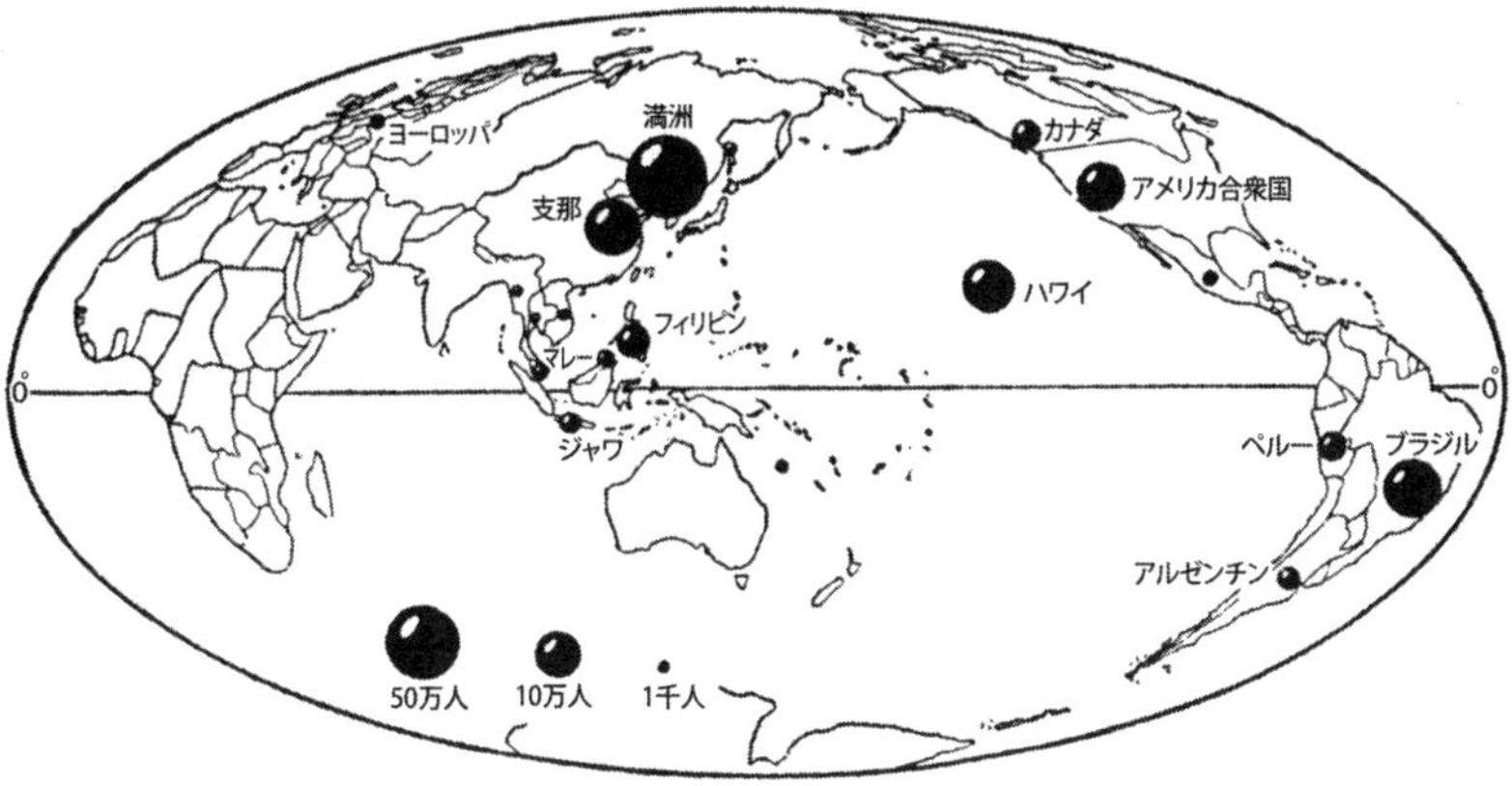

世界に住む日本人
（大東亜戦争前の有様）

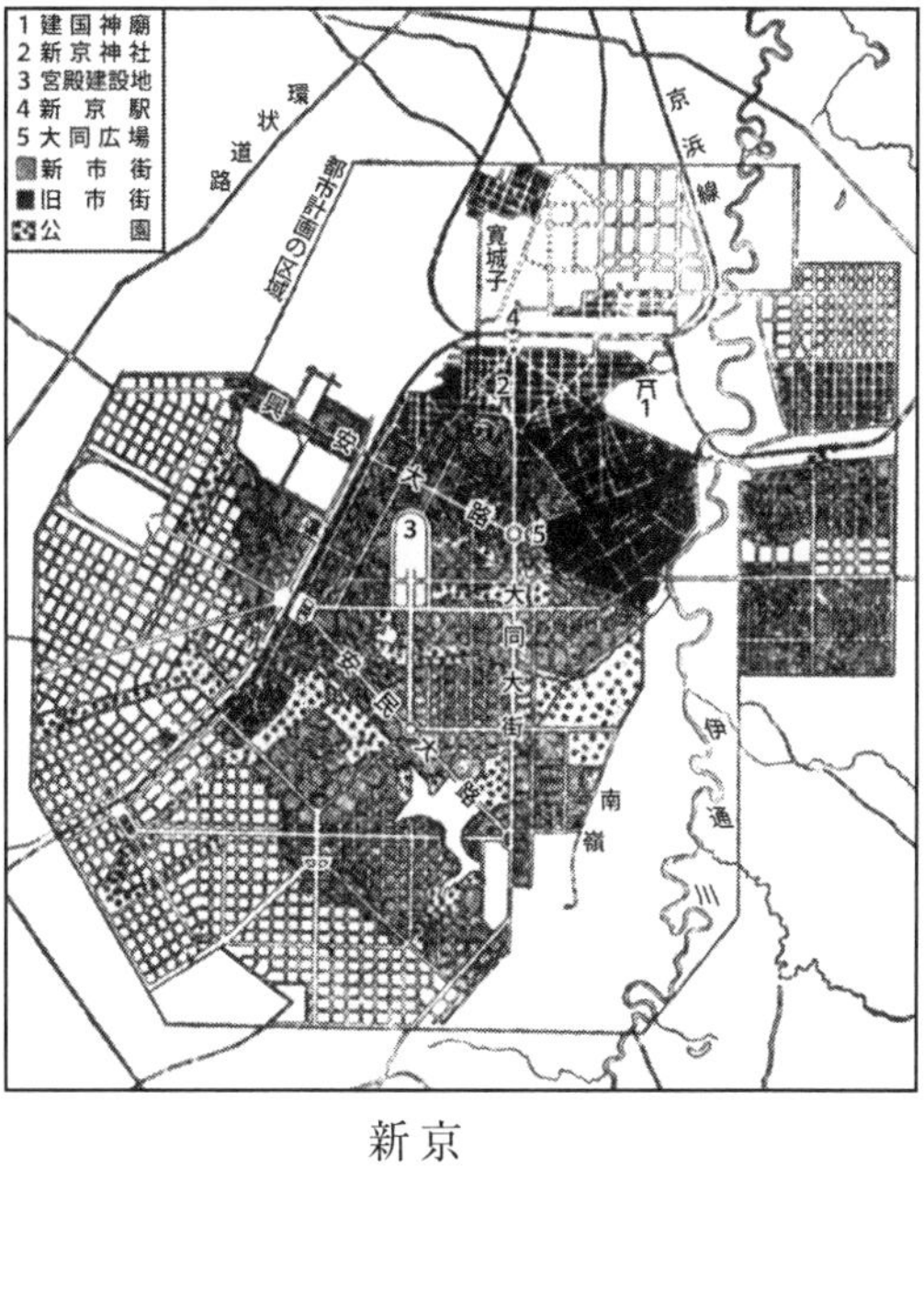

新京

約百二十万を数え、そのうち、内地人は十五万人をこえています。昭和六年には、わずか三万五千だったのが、十年の間に四倍以上になったわけです。

新京は満洲の首府で、全満の中心に当り、政治の都であって、交通も便利です。満洲国皇帝《こうてい》はここにおいでになり、わが全権大使《ぜんけんたいし》もここにいます。昔長春《ちょうしゅん》といったのが、日本の技師《ぎし》によって新しく都市計《けい》画《かく》がほどこされ、その規模《きぼ》は世界でもあまり例のないほどりっぱなものです。

ハルピンは北満の中心地で、夏はここから松花江を汽船でくだることができ、冬は氷上《ひょうじょう》の輸送も行われます。安東《あんとう》と図們《ともん》は朝鮮との境にある、いわば満洲の陸の入口であり、営口《えいこう》は遼河《りょうが》の川口《かわぐち》にある満洲らしい町です。熱河《ねっか》地方には承徳《しょうとく》があって中心地となっています。満洲里《まんしゅうり》や黒河はシベリアとの境にある町で、交通上軍事上大切なところです。

満洲の住民とわが開拓民《かいたくみん》

満洲には、四千三百万の人々が楽しく生活していますが、その大部分は満人で、最近《さいきん》百年ぐらいの間に、北《きた》支那方面から移住《いじゅう》したものです。昔から満洲に住んでいた人たちは、二百六七十万人で、東部に多く、蒙古人は大体西部に住んでいます。

日本人は、おおよそ内地人八十余万、半島人百五十万を

開拓民の家

耕す義勇隊員

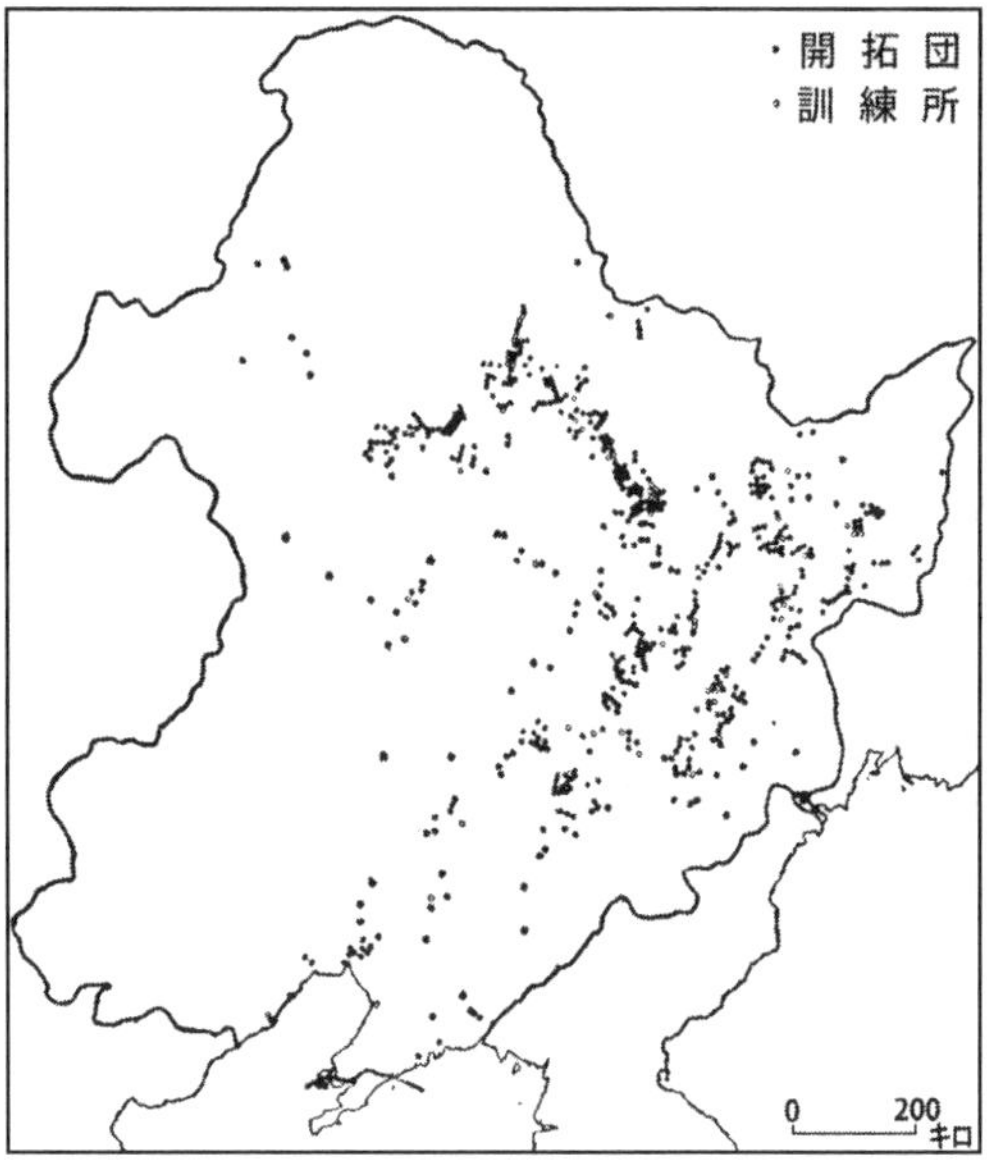

わが開拓民の分布

数《かぞ》えます。特に農業方面では、将来二十年間に、内地人五百万人の開拓民を送る計画であり、それがどしどし実行されています。満洲国のできた昭和七年、松花江の川べりにある佳木斯《ちゃむす》に近い現在の弥栄《いやさか》村に、第一次の開拓民を送り、明くる年には千振《ちぶり》村へ、第三年には瑞《みず》穂《ほ》村へ送りました。非常な苦心の末、今ではどれも皆りっぱな模範村《もはんそん》となっています。その後毎年、計画に従って、たくさんの開拓村が建設《けんせつ》されて行きます。

開拓民のほかに、昭和十三年からは、国を思う元気な青少年が、毎年二万ぐらい勇ましく渡《と》満《まん》しています。これらの青少年は、満洲開拓青年義勇隊に入隊し、約三年間現地《げんち》においての実地訓練を受けてから、開拓民の中心となって活動するのです。

満洲国の生い立ち

満洲は、昔からわが国と関係が深かったのですが、ロシアが南下して満洲をふみにじり、朝鮮をおびやかしたので、日本は東洋平和のためにおおしく立ちあがりました。こうして起った日露戦役において、忠勇な十万の将兵を失い、莫大《ばくだい》な国富《こくふ》をついやして、ロシアを北の方へ追い払ったのです。その後、支那はあやまった抗日思想《こうにちしそう》にとらわれて、日本をあなどるようになったので、昭和六年九月、満洲事変が起り、その結果《けっか》満洲国が誕生《たんじょう》しました。

満洲国皇帝は、満洲を祖国とする清朝《しんちょう》の末に当られるかたです。満洲の建国神廟《けんこくしんびょう》には、満洲国の元神《げんしん》として天照大神をおまつりになっていられるほど、わが皇室にお親《した》しみになり、日満一徳一心の関係を明らかにお示しになっています。われわれ日本人は、今後いよいよ真心《まごころ》をもって満洲国人を導《みちび》き、この国の成長をまもらなければなりません。

六　蒙疆《もうきょう》

満洲の南西にある興安嶺《こうあんれい》を越《こ》えると、広い草原《そうげん》や沙漠《さばく》の続く地方があります。北支那平野からでは、急な山坂《やまさか》を通り、名高い万里《ばんり》の長城《ちょうじょう》を越えて行った高原《こうげん》に当ります。昭和十四年九月以来、ここに新しい政府が生まれました。これを蒙古連合《れんごう》自治《じち》政府《せいふ》といい、この地方をふつうには、蒙疆《もうきょう》と呼んで、支那本部から区別《くべつ》しています。北《きた》の方にはゴビ沙漠がひろがり、そのまま外蒙古《そともうこ》に続きます。蒙疆は満洲とともに、ロシア方面からはいって来る、よくない思想《しそう》を防《ふせ》ぐのに重要な地方です。地図でもわかるように、北支那に近いところだけは、万里の長城が内と外の二重に作られています。これは、昔、北支那がこの地方からしばしば攻めこまれたことがあるためです。

鉄道は、天津《てんしん》・北京《ぺきん》方面からと、太原《たいげん》方面からとはいっ

万里の長城

蒙古人の包

ていて、それに沿《そ》って張家口《ちょうかこう》・大同《だいどう》・厚和《こうわ》・包頭《ぱおとう》など、主《おも》な町々があります。特に張家口には、日本人がたくさん住んでいます。南の方の部落や町には、主《しゅ》として漢人が多く、奥地《おくち》には、蒙古人の包《ぱお》がところどころに見られます。包は草地《そうち》を追って移動《いどう》することのできる便利な家屋《かおく》です。

この地方に住む約三十万の蒙古人は、ラマ教を深く信じ、羊・山《や》羊《ぎ》・牛・馬などを飼い、漢人から日用品《にちようひん》を買って生活しています。熱河地方に近いドロンノールは、沙漠の中にある町で、名高いラマ寺があります。

包頭の羊毛市場

いっぱんに高原であり、海から離れているので、気候は大陸性を示し、夏のほかは雨もほとんど降りません。それで、南部の盆地に住む住民は、夏の間に小麦・燕麦《えんばく》・じゃがいもなどを作ります。また羊毛《ようもう》や毛皮《けがわ》は、らくだに乗せたり、鉄道やトラックに積《つ》んだりして、北支那の方へ送り出します。黄河上流の五原《ごげん》地方には、黄河から引き水をして作る畠がひろがっています。沙漠からは塩を産します。

張家口の東に龍烟《りゅうえん》鉄山があり、質のよい鉄鉱を盛んに掘《ほ》り出して日本へも送っています。石仏《せきぶつ》で有名な大同附近には、大きな炭田があって、よい石炭が盛んに掘り出されます。

大同の石仏

七　支那

支那を地図で見ると、東側だけが海にのぞみ、そこに大平野や川の出口があって、西の方は大高原《だいこうげん》・大沙漠・大山脈などが続いていることに気づきます。主な川は、四方の高原から出て大体東へ向って流れ、海にそそいでいます。

北の方を流れるのが黄河《こうが》で、その流域《りゅういき》を北《きた》支那といい、真中《まんなか》どころを流れるのが揚子江《ようすこう》で、その流域を中《なか》支那といい、南の方を流れ

支那の地形

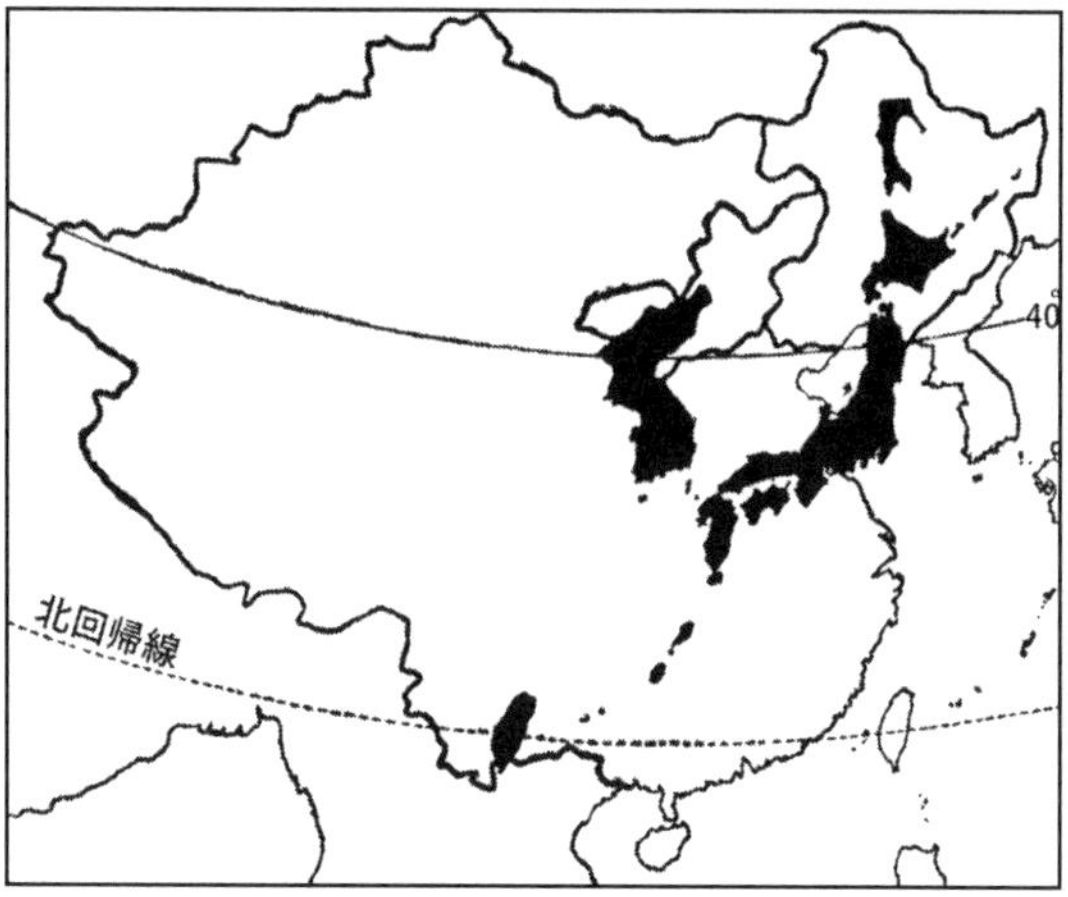

日本と満・蒙・支の重ね合せ

るのが珠江《しゅこう》で、その流域を南《みなみ》支那と呼んでいます。そうして、これらの川の流域をひっくるめたのが大体支那本部で、西方の高地《こうち》とおのずから区別《くべつ》されています。

三つの川のうちでも、いちばん大切なのは揚子江で、川幅の広いこと、流域の大きなこと、流域に人のたくさん住んでいることなど、世界にあまり例がないほどのすばらしさです。

黄河の下流には、北支那の大平原があり、これもわが本州がおおよそ、その中へはいってしまうぐらいの大きさです。わが国とくらべると、支那のものは川でも、平野でも、山地でも、すべて大規模《だいきぼ》で、大陸的です。

東側の海は、黄海《こうかい》・東《ひがし》支那海・南《みなみ》支那海などに分れていますが、いずれもいわば日本の内海《ないかい》であり、日支間の連絡《れんらく》を便利《べんり》にしています。

上の図のように、日本と支那を重ね合せて見ますと、北支那のあるところは、わが青森から東京までに当り、

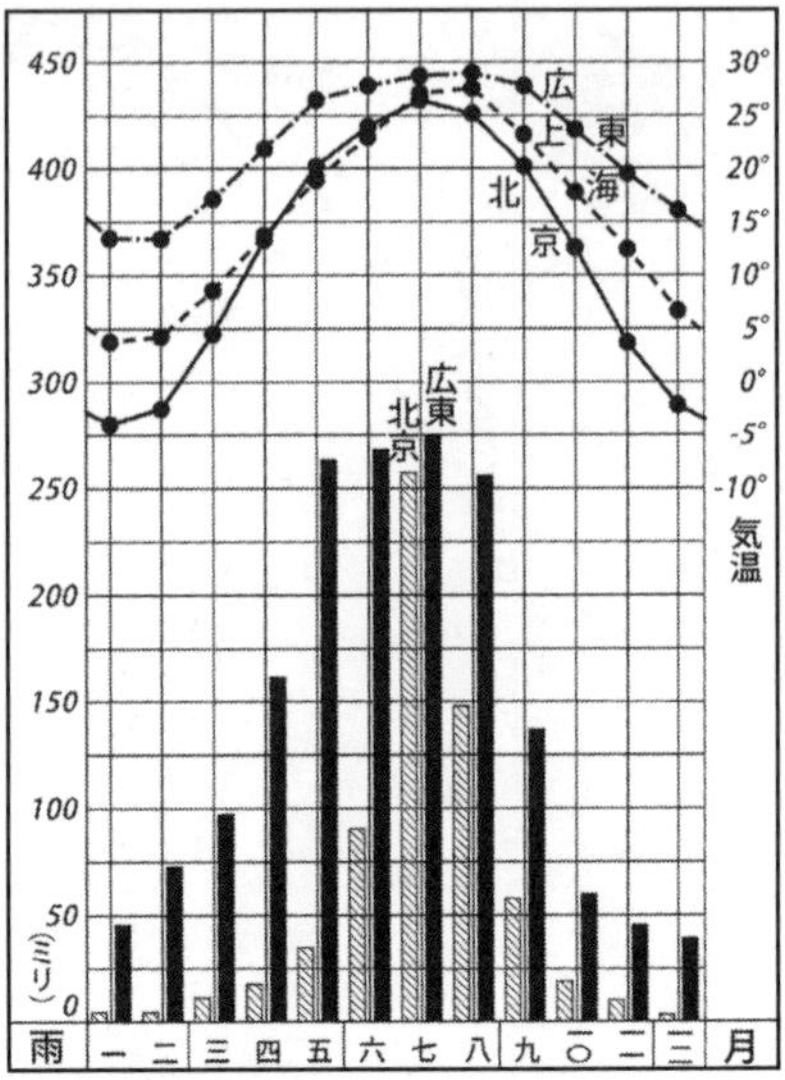

北京と広東の気候表

中支那のあるところは九州に当り、南支那のあるところは台湾に当っています。従って気候も、日本と支那とは、大体この位置によって比較《ひかく》することができます。

北支那は雨も少く気温も低いのですが、中支那から南支那へかけては、南へ行くほど、だんだん雨も多くなり、気候も暖かで、遂には台湾のような亜熱帯性《あねったいせい》の気候をあらわします。ただ大陸ですから、北支那などは、日本よりもむしろ満洲に似たところがあり、夏と冬では、暑さ寒さもきびしいのがその特色です。奥地《おくち》の大高原は全く内陸にあるので、蒙疆《もうきょう》よりもっとはげしい大陸性の気候を示し、雨のないところは、広い沙漠となっています。

広さは支那本部だけで、わが国の七倍ぐらいに当り、人口も約四倍ぐらいあります。日本はこの大きな支那と協力《きょうりょく》して、大東亜の建設をしようと非常な努力を払っているのです。

北支那の自然と産物

北支那は、北支那平野と、その東に突《つ》き出た山東《さんとう》半島、及び山西《さんせい》地方以西《いせい》の高原とから成っ

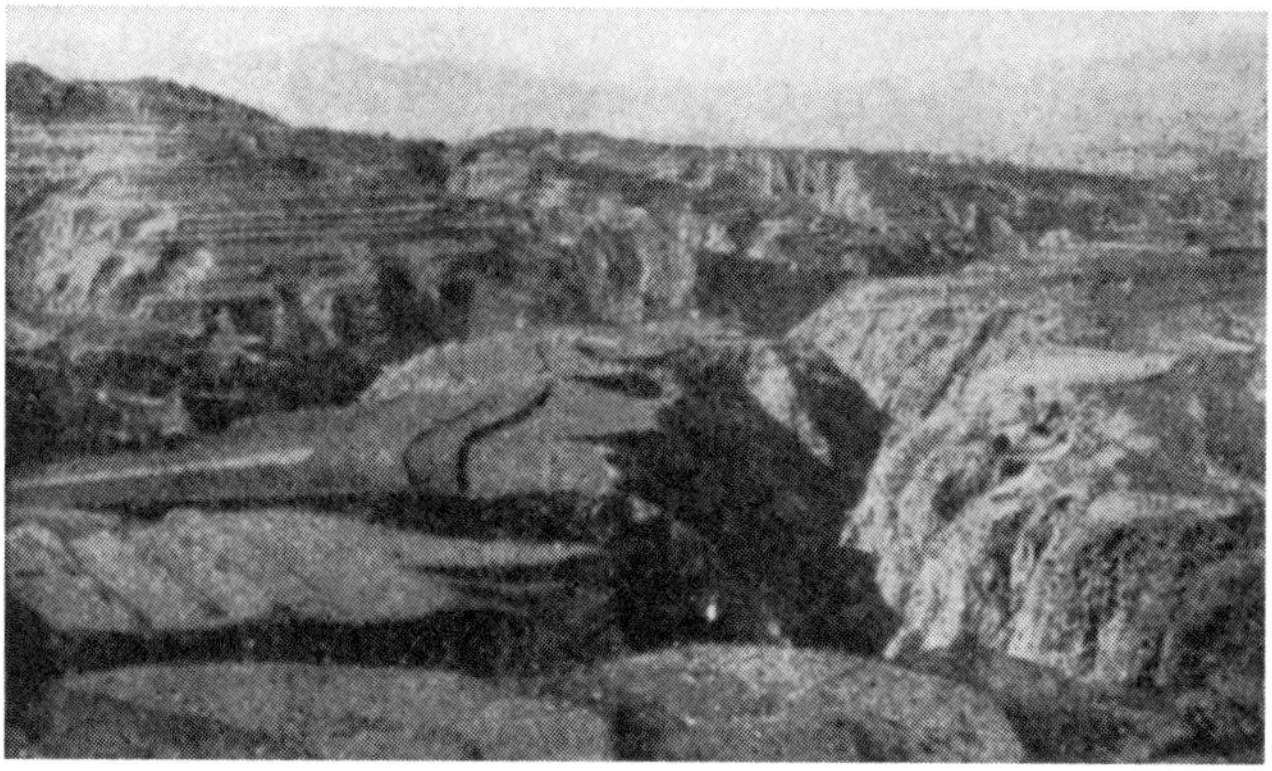
黄土層の山地

ています。満洲・蒙疆と直接境を接しているので、政治上特に大切な地方です。
この地方は一帯に黄土《こうど》におおわれ、山西方面には、ずいぶん厚く堆積《たいせき》しているところがあります。これは、蒙古や、もっと西の方面から、風で運ばれて来たものだといわれています。黄河と、その流れこむ黄海《こうかい》は、黄土をふくむため黄色《きいろ》なのです。黄土の層《そう》はやわらかく肥《こ》えていて、いたるところ畠になっています。山の頂上《ちょうじょう》まで耕されているところもあれば、がけの部分に部屋《へや》を作って人の住んでいるところもあります。
この黄土が黄河や白河《はくが》の水に運ばれてできたのが、北支那平野です。土地はいっぱんに肥えていて、農業

黄土層の家

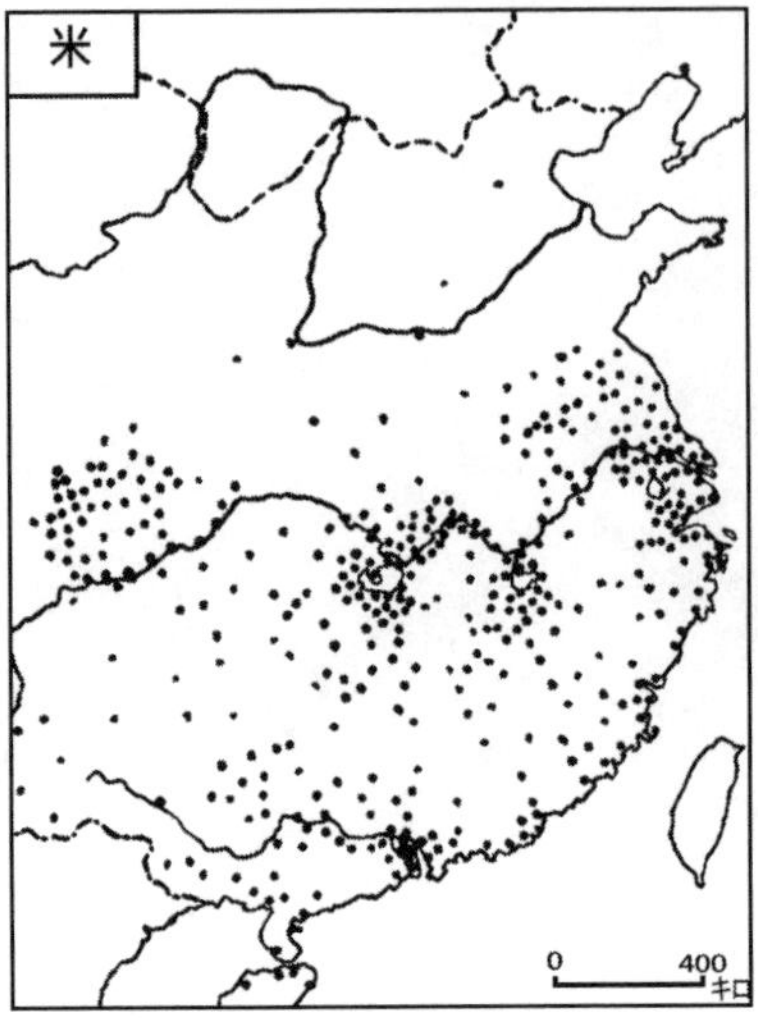

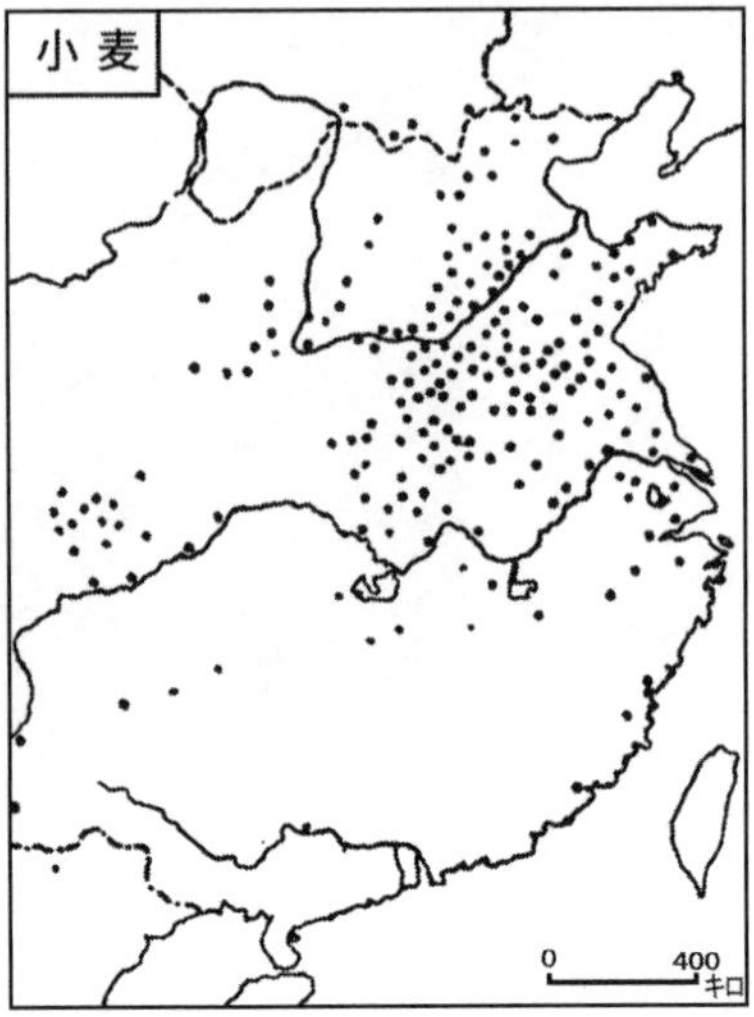

米と小麦

が営まれ、土地も早くから開けましたから、中原《ちゅうげん》と呼ばれて来たのです。ただ困るのは大洪水《だいこうずい》で、黄河の流れは、あるいは山東半島の南側へ、あるいは北側へと度々《たびたび》変り、北支那平野の人々は、その都度《つど》なやまされることがひと通りではありません。

この平野の気候は、満洲に似て大陸性ですが、夏、わりあい雨が降るので、農産物が多く、その種類もほとんど満洲と一致《いっち》しています。すなわち、小麦・大豆・こうりゃん・粟《あわ》・とうもろこし・落花生《らっかせい》などをたくさん産出します。綿は、南であるだけに、満洲よりはるかに多く栽培《さいばい》され、この地方の大切な産物となっています。

しかし、いっぱんに雨は少い方であり、土もかわいている方なので、これまで米はほとんど作られていませんでした。また年によって、ひでりのため畠作物の取れないこともあります。こうしたひでりや

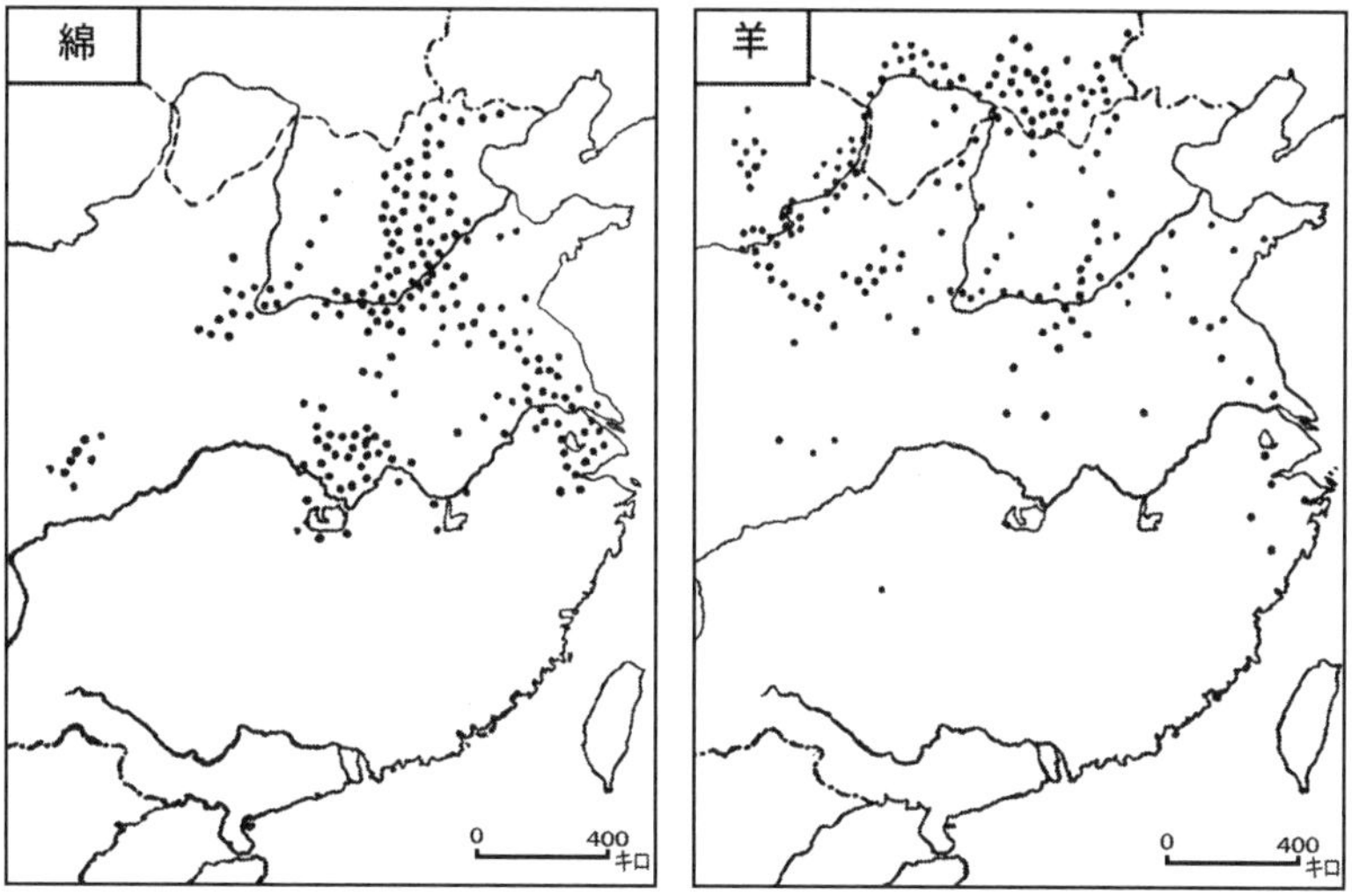

綿と羊

洪水の年などに、住民たちは、仕事をさがして他方《たほう》へ出かけるものが多く、そういうことで満洲へ移った支那人も少くありません。

北支那には、満洲と同じく馬・ろばが多く、それらはうんぱん、または耕作《こうさく》などに使われています。支那人の食用とする豚《ぶた》は、全体に広く飼われ、山東方面の牛は、わが国へも食用として送り出されます。羊は、主に蒙疆に近い雨の少い地方に飼われています。

北支那の石炭は全支の八割、鉄は全支の半分と見積られ、最も大切な資源とされています。渤海《ぼっかい》の沿岸《えんがん》は、遠浅《とおあさ》で雨が少く、風がよく吹くので、関東州や北《きた》朝鮮と同じく、天日製塩《てんぴせいえん》が盛んに行われ、工業塩としてわが国へたくさん輸入されています。

北京《ぺきん》・天津《てんしん》・青島《せいとう》

北支那方面には、以前から日本人がたくさん住み、各方面に活躍《かつやく》していました。最近では、特に北京・天津・青島・済《さい》南《なん》・石門《せきもん》・太原《たいげん》などに多く住んでいます。

北京は、北支那の政治の中心地であり、元《げん》や清《しん》の時代の都で、人口約百六十万を数《かぞ》える大都市です。大規模《だいきぼ》な城郭《じょうかく》をもってめぐらされ、内城《ないじょう》にはりっぱな宮殿や、城門や、そのほか大きな建物《たてもの》が残っています。日本人は主にこの内城に住み、その数は増加する一方です。外城《がいじょう》は内城の南に接し、商店《しょうてん》の多い場所《ばしょ》です。市街《しがい》はいっぱんに樹木《じゅもく》が多く、街路はごばんの目のようにきちんとしていて、落ちついた感じを与えます。

北京から百四十キロへだたった天津は、白河の川口から七十キロほどはいったところにある港で、北支那一帯の出入口《でいりぐち》として栄え、大運河《うんが》はここから起っています。日本人経営の紡績《ぼうせき》・製粉会社《せいふんかいしゃ》などがあって、盛んに活動しています。塘沽《たんくー》は天津の外港《がいこう》であり、秦皇島《しんのうとう》は、開灤《かいらん》炭田から産する石炭の

北京の城内

積出港《つみだしこう》であり、山海関《さんかいかん》は満洲との境にある町で、万里の長城はここから始っています。

天津から南へ鉄道が縦《たて》に走り、それに沿《そ》って済南《さいなん》や徐《じょ》州《しゅう》などの町があります。済南の南方曲阜《きょくふ》には、孔子《こうし》の廟《びょう》があり、徐州は、支那事変第二年の五月に、有名な大会戦が行われたところです。済南から分れて、青島《せいとう》へ向かう鉄道の沿線《えんせん》には、早くからわが国と関係の深かった炭田があります。青島は、北支那第二の貿易港《ぼうえき》で、天津と同じくわが紡績工場が多く、マッチ・ゴムなどの製造も行われています。山東半島の北にある芝罘《ちーふー》の良港は、青島とともに、この方面の主な移民《いみん》の出入口となっています。

北京から南、漢口《かんこう》方面へ向かう鉄道の沿線には、石門《せきもん》や鄭州《ていしゅう》などの町があります。石門から西へ行く鉄道は、山西の中心太原《たいげん》へ行きます。山西方面は、支那で石炭・鉄の最も多く地下にある地方です。石門の近くには、井《せい》

天津の船着場

径《けい》の炭田があります。鄭州に近い開封《かいふう》や、河南《かなん》は、潼関《どうかん》の西の渭水盆地《いすいぼんち》にある西安《せいあん》などとともに、四千年の支那の歴史を物語る古い都のあったところです。河南は昔洛陽《らくよう》、西安は長安《ちょうあん》と呼ばれたことがあります。西安から西へ向って重要な道路が続き、蘭州《らんしゅう》その他の町を経て、遠くヨーロッパへも通じています。

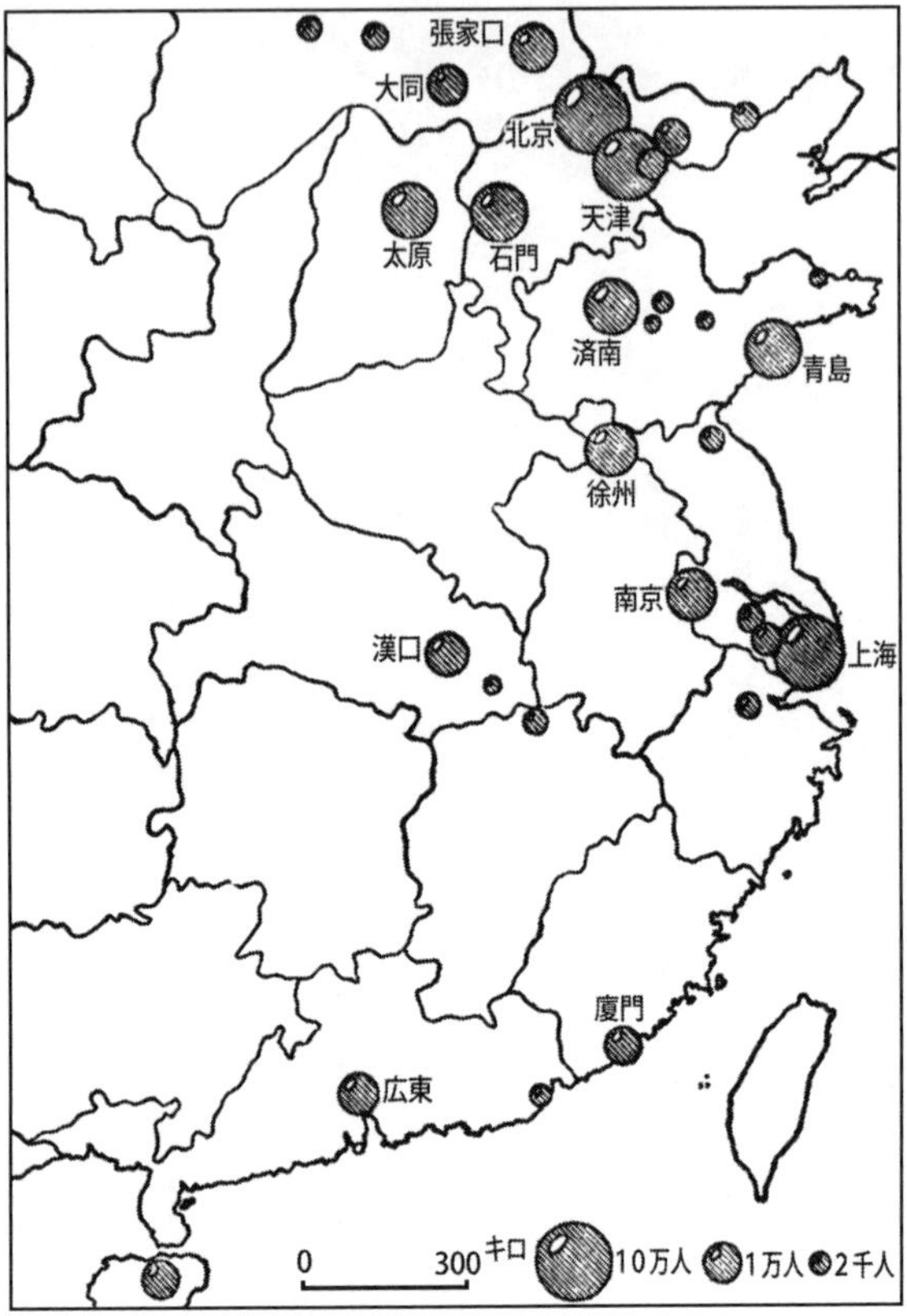

支那に住む日本人分布

中支那の水運と産物

揚子江の水運の便利なことは、世界第一であります。川口から千三百キロへだたった漢口《かんこう》まで、夏の増水期《ぞうすいき》には一万トン級の汽船がのぼり、冬の減水期《げんすいき》でも四千トン級の汽船がのぼります。更に漢口から宜昌《ぎしょう》を経て、千二百キロ上流の重慶《じゅうけい》まで、増水期には千トン、減水期にも三百トンの船が通います。夏、南東風の吹くころは、雨がたくさん降って増水し、冬、北西風の吹くころは、雨が少く減水するのです。増水と減水の差《さ》は、漢口では十二メートルに達し、減水期には河岸が急《きゅう》ながけとなるので、南京《なんきん》・漢口などの主な船《ふな》着場《つきば》には、大規模《だいきぼ》な浮桟橋《うきさんばし》が設《もう》けられ、それに汽船がつながれるようになっています。上海《しゃんはい》は揚子江水運の起点となっていますが、それは揚子江の川口に近い呉淞《うーすん》へ流れこむ支流の黄浦江《こうほこう》にのぞんでいます。

中支那は、こうした水運に恵《めぐ》まれて、一帯に産業が盛んであり、人口も非常に多く集っています。気候も北支那より暖かで、雨も多く、従って米を始め、綿・茶・麻《あさ》・たばこなどを多く産し、またわが国のように養蚕《ようさん》も行われています。揚子江の中流の大冶《だいや》や、下流に近い桃冲《とうちゅう》などには、鉄山があって、早くからわが国の八幡《やはた》製鉄所へ鉱石を送っていました。上海や漢口には、近代工業も盛んになって来ています。

漢口の浮桟橋

上海・南京・漢口

上海は支那第一の大貿易港《だいぼうえきこう》で、人口五百万を数《かぞ》え、東亜有数の大都市です。日本人はおよそ十万を数え、しかも日毎に増加して行きます。長崎からほぼ一昼夜《ちゅうや》で達し、船の連絡《れんらく》はきわめて便利です。工業が盛んで、わが国の人たちの経営する紡績業《ぼうせきぎょう》も非常に発達しています。大体の位置が支那の中央にあるので、此の港が中継地《なかつぎち》となって、東亜の各地や、揚子江の流域の港々と取引《とりひき》をし、事変前は全支貿易の六割を占めている有様でした。上海の郊外《こうがい》には、クリークが無数にあって、その間に水田や綿畠が多く、墓地《ぼち》や竹やぶなども、ところどころに見られます。

上海事変や、支那事変当時の激戦《げきせん》をしのばせる戦跡地《せんせきち》も方々に残っています。

上海の南西には、名高い西湖《せいこ》のある杭州《こうしゅう》があり、北西には、水郷《すいきょう》の町蘇州《そしゅう》があります。鉄道は、蘇州を通って南京へ行きます。

南京は、新しい国民政府のあるところで、昔からしばしば支那の都となり、北京に次ぐりっぱな城郭《じょうかく》を持った都市です。中山《ちゅうざん》・光華《こうか》・中華《ちゅうか》・玄武《げんぶ》など十六の城門を数え、

上海の江岸

南京

勇ましい皇軍は、これらの門をあるいは突き破り、あるいは乗り越えて、城内へ進軍したのであります。南京の対岸の浦口《ほこう》へは、天津からの鉄道も通じています。

南京から揚子江をさかのぼると、江西《こうせい》盆地内の農産物を集散する九江《きゅうこう》の港があります。九江の南、鄱陽湖《ほようこ》にのぞむ盧山《ろざん》は、高さ一千メートルあまりで、風景がよく、附近には、皇軍の奮戦《ふんせん》したあとが見られます。盆地のほぼ中心にある南昌は要地で、ここから東は杭州へ、西は長沙《ちょうしゃ》へ通じる鉄道があります。

揚子江と漢江《かんこう》の合《がっ》するところに、湖広《ここう》盆地の中心、漢口があり、漢陽《かんよう》・武昌《ぶしょう》とともに、武漢三鎮《ぶかんさんちん》といわれ、皇軍は事変第二年の十月にここを占領しました。北は北京から、南は広東《かんとん》から鉄道が通じ、中支那の大中心地であります。上海から漢口までは、東京・下関間よりも距離《きょり》が長く、汽船でふつう四日かかります。日本人は、事変前からここにたくさん住んでいて、各方面に活躍《かつやく》していました。

漢口の南西には、有名な洞庭湖《どうていこ》があって、夏期の増水期《ぞうすいき》には、天然《てんねん》の貯水池《ちょすいち》の役目をつとめます。湖広盆地南部の山地からは、タングステン・アンチモンなどを産します。盆地の西部にある宜昌《ぎしょう》から西は、両岸に山がせまり、川も急流のところがあります。更にさかのぼると、四川《しせん》地方の中心である重慶《じゅうけい》に達します。今日なおめざめない支那人の集っているところで、しばしばわが勇敢な荒鷲《あらわし》に爆撃《ばくげき》されています。

四川地方は、周囲《しゅうい》に山をめぐらし、ほぼわが内地の面積ほどある大きな盆地で、農産物や鉱産物も豊《ゆた》かであり、昔から特別な地域をなしています。成都《せいと》は、この盆地の一中心地で、西康省《せいこうしょう》やチベット方面への入口に当ります。

揚子江の上流

亜熱帯の南支那

南支那は、珠江《しゅこう》の流域と、台湾海峡にのぞむ地方とを指《さ》し、中支那とは一帯の山地によって分けられています。気候は亜熱帯性をあらわし、中支那よりいっそう暖かく、また雨も多いの

広東の町と小舟

で、平野からは米・茶・さとうきび・たばこなどを産出し、バナナやパイナップルもでき、竹やくすの木などもよく生育《せいいく》する点で、台湾とよく似ています。養蚕《ようさん》も行われていますが、いっぱんに山がちで、平地が少く、人口が多すぎるため、年々南方諸地方へ出かせぎする数が少くありません。これが、いわゆる華僑《かきょう》と呼ばれる人たちなのです。

珠江の三角洲上にある広東《かんとん》は、南支那の物資の大集散地《だいしゅうさんち》で、人口約百二十万を数《かぞ》え、日本人も、南支那ではいちばん多く住んでいます。水上には、小舟に生活する人々が三十万の多数に及び、水郷《すいきょう》にふさわしいおもむきをあらわしています。

廈門《あもい》は、台湾の対岸にある景勝《けいしょう》の地で、福建《ふっけん》地方の良港です。貿易《ぼうえき》はあまり振《ふる》いませんが、汕頭《すわとー》・福州《ふくしゅう》・温州《うんしゅう》などとともに、華僑が最も多くこの地方から出かけます。台湾に近いため、本島人も約一万人ここで働《はたら》いています。

珠江の上流地方には、雲貴《うんき》高原と呼ばれる山地があって、タングステン・錫《すず》などの鉱産に富み、東部インド支那やビルマと連絡《れんらく》する路があるので、注目《ちゅうもく》されています。昆明《こんめい》は、二千メートルもある高原の奥地にありますが、重慶と同じく、わが荒鷲《あらわし》にしばしば爆撃《ばくげき》されています。

南支那の南の海上に、海南島《かいなんとう》があります。台湾と同じぐらいの大きさの島で、やしがよく茂っています。鉄や石炭が日本人によって発見され、盛んに掘り出されるようになりました。中でも石碌《せきろく》鉄山は有名です。

外蒙古《そともうこ》・新疆《しんきょう》・チベット

蒙疆《もうきょう》の北西部は、ふつう外蒙古と呼ばれ、蒙古人の住む草原《そうげん》と、沙漠《さばく》の続く地方であります。北の境に近く、高い山地も見られます。ロシアの勢力が、この地方に及んでいるため、ラマ教を信じている蒙古人は、苦しい生活をさせられています。外蒙古の中心地は、ウランバートルで、ここから沙漠を通る自動車路が、シベリア境《ざかい》のアルタンブラクへ通じています。

新疆は、真中《まんなか》より北に天山《てんざん》山脈がそびえ、南に崑崙《こんろん》山脈がそびえる地方で、この両山脈には

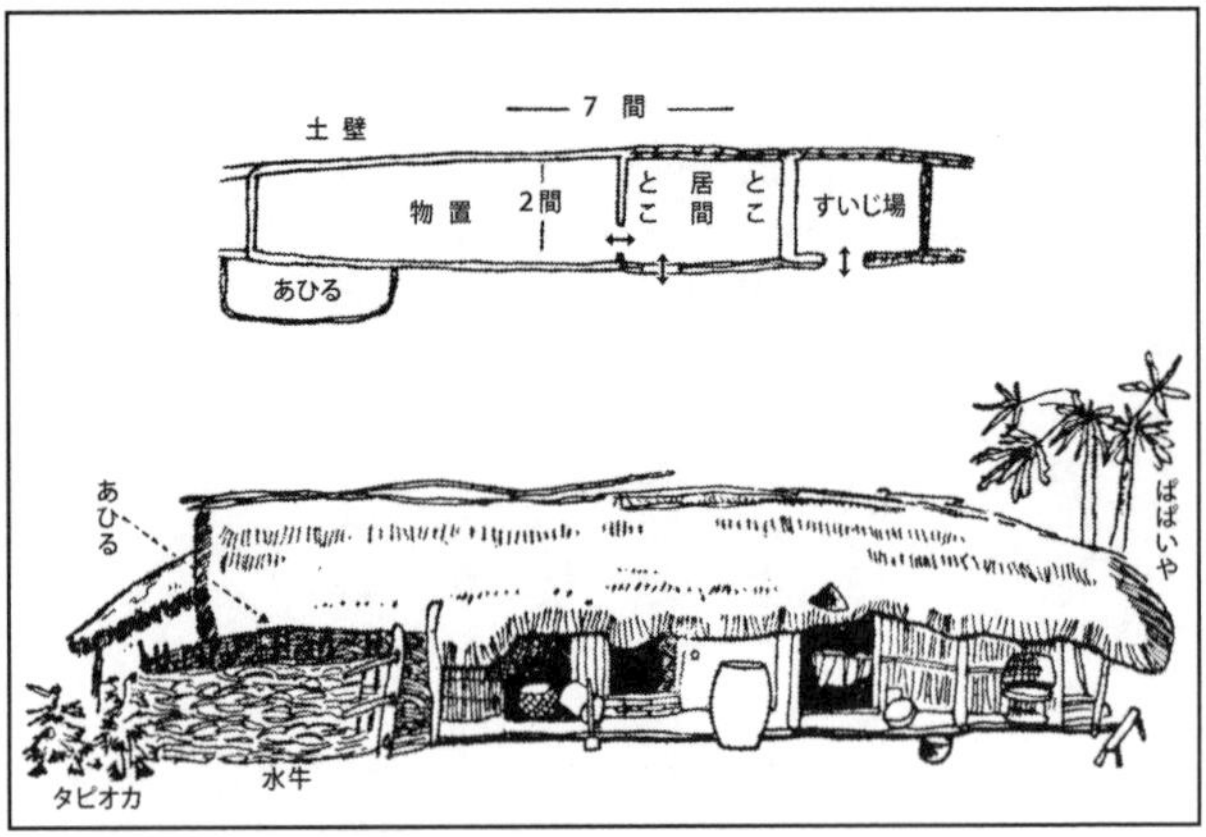

海南島の民家

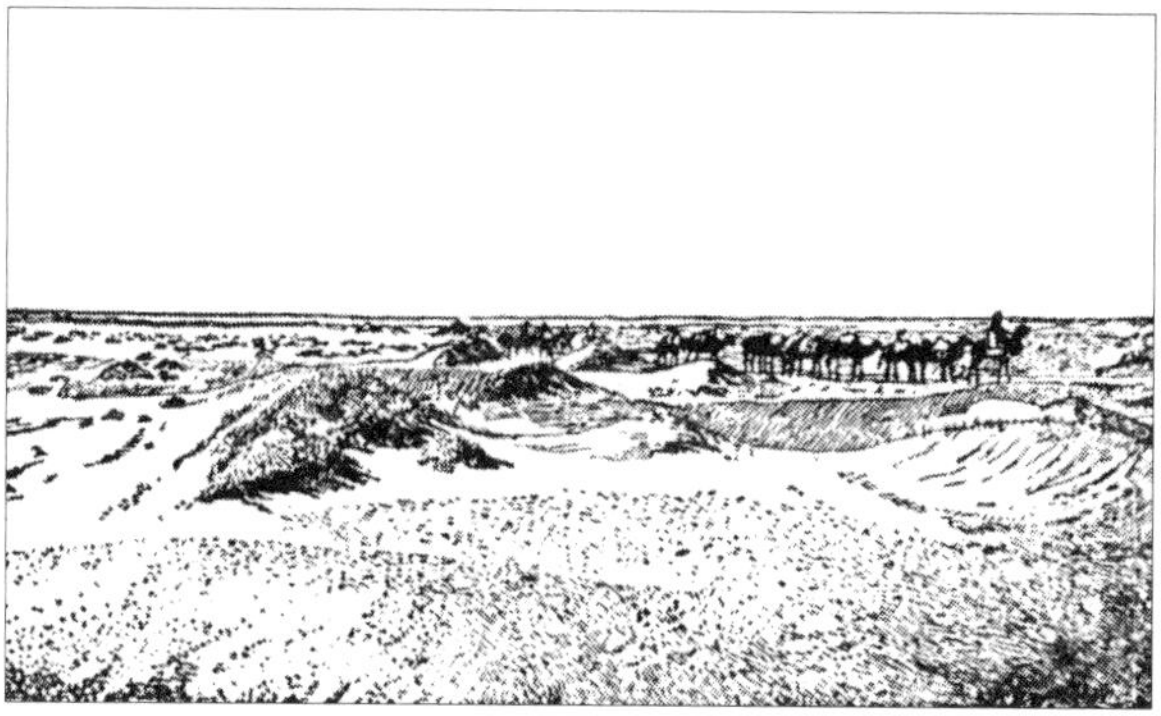
ゴビ沙漠とらくだの隊商

さまれた大盆地は、一帯に沙漠であります。雪どけの水が流れる山麓《さんろく》に沿って、わずかの畠と、回教徒《かいきょうと》の住む部落とがあり、それをぬって隊商路《たいしょうろ》が通り、昔から東亜と西亜を結ぶ通路となっていました。天山山脈の南の地方を天山南路《なんろ》、北の地方を天山北路《ほくろ》といい、特に天山北路は、北支那からロシアへ通じる路として利用されています。

チベットは、その東方の青海《せいかい》地方とともに大きな高原をなし、南には、高いヒマラヤ山脈がインドとの境に横たわっています。高原は四千メートルもあり、気候も大陸性をあらわし、羊や、やくが飼われているほかは、農産物はあまり採《と》れません。住民はラマ教の信者《しんじゃ》で、インド方

ラサの寺院

面からはいる英国の勢力のもとに、まずしい生活をしています。大きなラマ教寺院《じいん》のあるラサは、チベットの中心都市です。

新生の香港

南支那の香港《ほんこん》は、昭南島に似て、その位置がよく、百年間英国の東亜における大切な根拠地《こんきょち》の一つとなっていました。山がちの美しい香港島と九龍《きゅうりゅう》半島との間の水道が、天然の良港で、上海と同じく中継貿易《なかつぎぼうえき》が盛んに行われていましたが、大東亜戦争が始ると、皇軍はたちまちこれを攻略《こうりゃく》し、以来新たに大東亜建設のための要地となり、工業も盛んになって来ています。

日本と支那

日本と支那ほど、昔から関係の深い国はありません。両国は隣り合いの国であり、また日本と最も親しい間がらにある満洲とは、陸続きで接しています。支那は、古くから

香港空の入城

開けた大陸の国で、日本との交通も早く始り、それが今日に及んでいるのです。人種としても近く、文字も共通のものを使っているばかりでなく、お互《たがい》に足らない物資や商品を補《おぎな》い合うべき間がらの国であります。すなわち、日本の非常に発達した工業の製品を支那へ送り、支那の鉄・石炭・タングステン・綿・羊毛・桐油《とうゆ》などを日本へ送るのです。また、大きな支那の資源と労働《ろうどう》力が、今後日本のすぐれた技術と力強い資本によって開発されれば、大東亜の建設にこれほど役立つことはないでありましょう。

支那が、外国のあなどりを受けて国が危《あやう》くなったとき、いつも日本はこれをかばうようにして、その独立と、東洋平和を維持《いじ》することに力をつくして来たのです。元来支那は広いため、国内の統一《とういつ》がつかず、昔から乱《みだ》れがちで、多くの支那人は気の毒《どく》な生活を続けて来ました。日本は、今これを救おうとしているのです。こうした日本の真心《まごころ》を解せず、今日なおめざめない一部の支那人は、米・英などの力をかりて日本に反抗《はんこう》していますが、われわれは、一日も早くこれらの人々をめざめさせて、ともに大東亜の建設に進まなければなりません。しかも、建設はすでに始っているのです。日本の指導で、占拠《せんきょ》地域は次第によく治《おさま》り、交通もどんどん発達し、物資も盛んに交換《こうかん》されています。南京には、昭和十五年三月から新しい政府が生れて、日毎に明かるさと力を加えています。

支那の住民

支那は国が広く、人口も多いので、人々の性質《せいしつ》やことばが、地方によって違っています。

いちばん多いのは漢民族《かんみんぞく》で、そのうちでも北支那に住んでいるものは、いっぱんに勤勉《きんべん》で、ねばり強く、暑さ寒さにかまわずよく働きます。南支那の人々は、わりあいに明かるい性質で、進取的《しんしゅてき》なところが見られます。

大体からいえば、支那の住民の気質はいわゆる大陸的で、気長《きなが》なところがあり、孝心が深く、祖先を崇拝《すうはい》し、家をよくととのえます。しかし、忠義ということになると、日本人とはよほど違っております。それは国がらから見て、やむを得ないことかも知れません。昔から頼《たよ》るべき中心人物や、政府がしじゅう変っているので、自分やそのまわりの人たちだけを、まもって行こうとする考え方が強くなり、そうして自分のためだけに金銭を貯《たくわ》えようとする考えが、いっぱんを支配しています。また自分の顔を立てようとす

る気持ちも強いが、その反面に、仕方がないとあきらめてしまうところもあります。

支那は文字の国、宣伝《せんでん》の国で、外交《がいこう》や社交が上手で、なかなか形式や礼儀を重んじます。自分の国を、中国《ちゅうごく》または中華《ちゅうか》と呼び、現在も国号《こくごう》を中華民国と称《しょう》しています。最近では、支那の青少年の中にも、日本人と手を取りあって行こうとするりっぱな人物も出て来るようになりました。

われわれは、そういう人たちとしっかり手をたずさえて進まなければなりませんが、それには、支那の国民性や風俗《ふうぞく》・習慣《しゅうかん》などを、いっそうよく理会《りかい》することが大切です。

八　インド支那

インド支那は、アジアの南へ突き出して、太平洋とインド洋とを分けている大きな半島です。支那とインドの中間にあることが、インド支那という名の起るゆえんです。大体北から南に山脈が続いていて、そのうちのひとすじは、南へのびて、マレー半島につながり、その先に昭南島があります。ビルマの西の方の山脈も、皇軍の占領下にあるアンダマン・ニコバルなどの島々に続き、さらにスマトラ方面へ連絡《れんらく》しています。

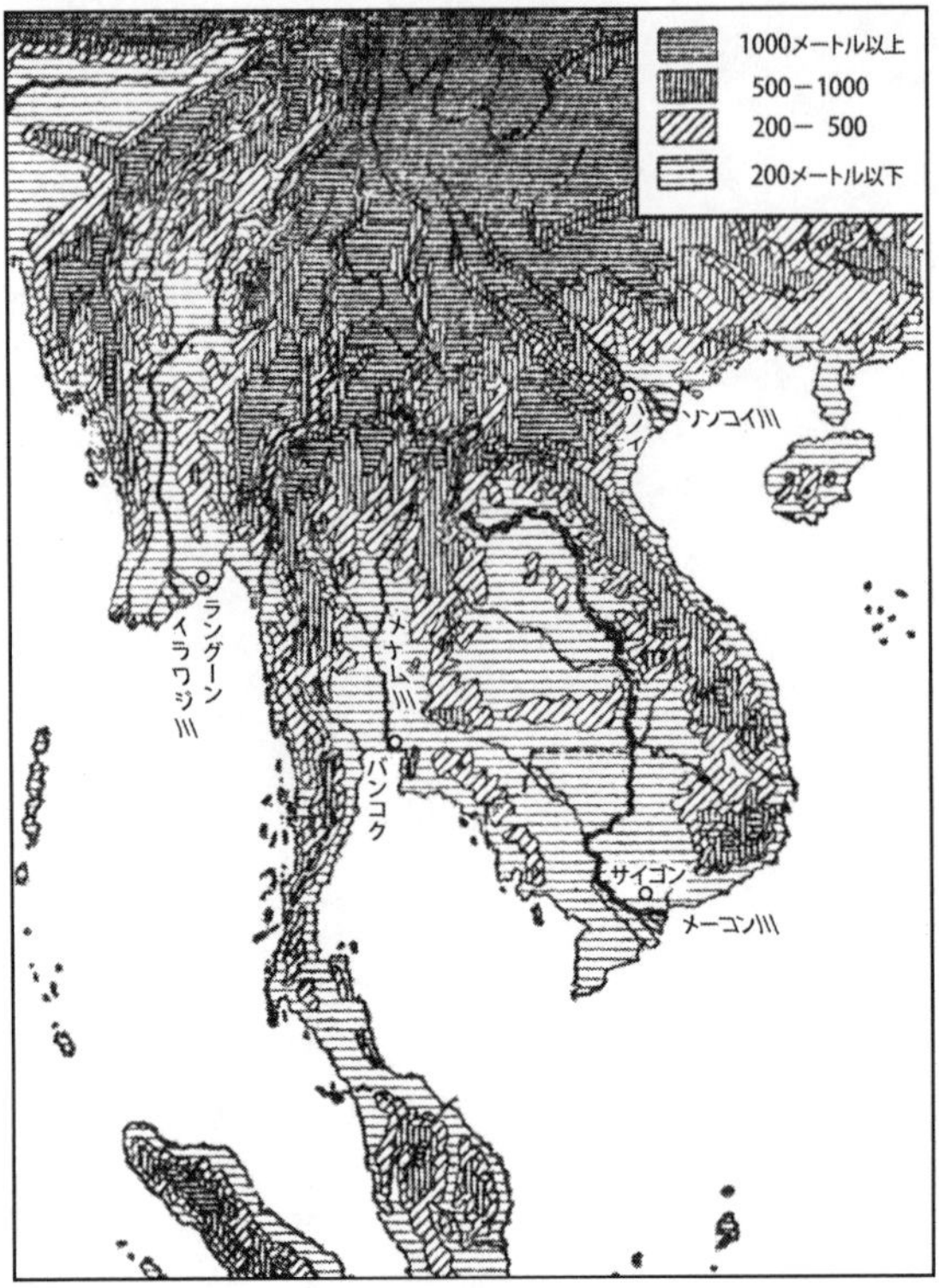

インド支那の地形

インド支那は、東部地方・中部地方・西部地方の三つに分れ、東部には主にアンナン人やカンボジア人、中部はタイ人、西部にはビルマ人などが住んでいます。これらの人々は、最近《さいきん》すべての方面で、

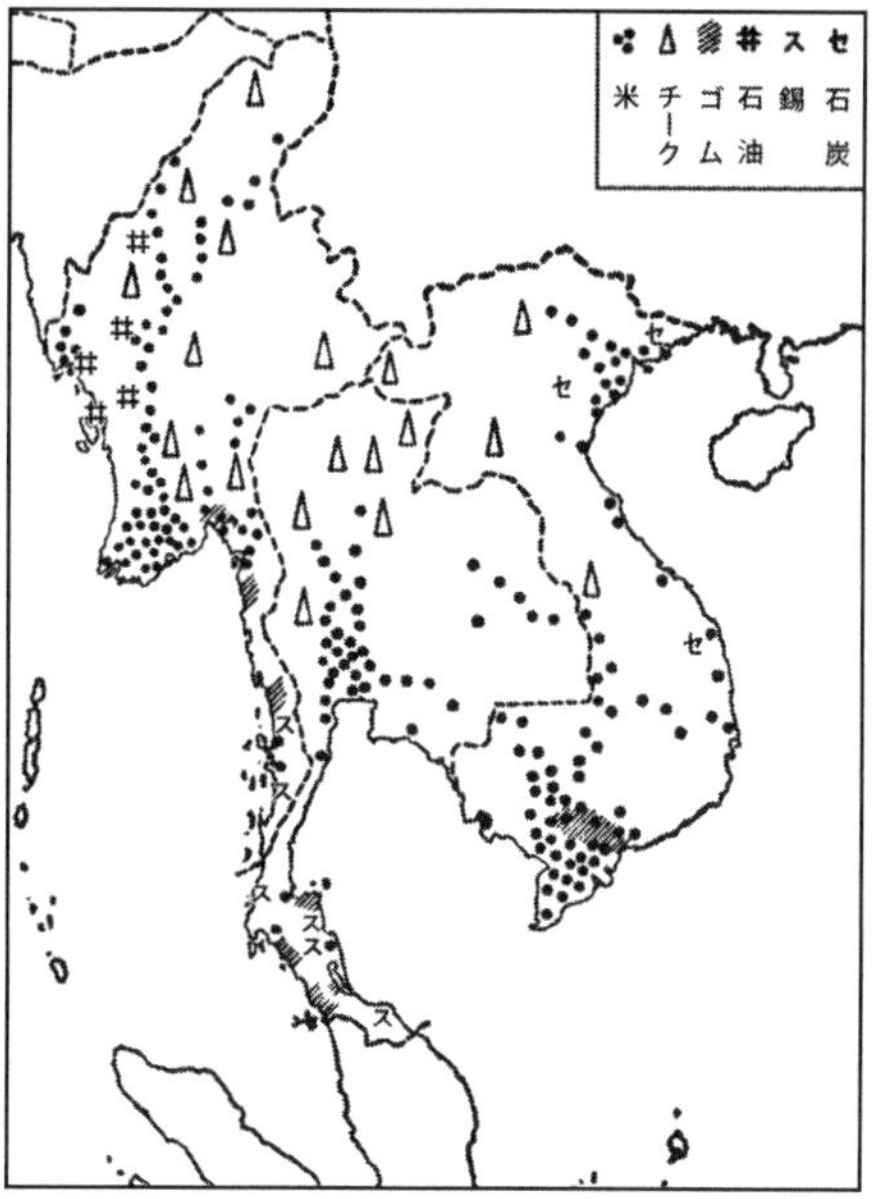

インド支那の産業図

日本を力と頼《たの》むようになりました。日本からは、この人々の使う日用品を送り、日本へは、米や石油・石炭その他の物資を送り出します。

南支那よりもさらに南にあるので、いっぱんに熱帯性の気候をあらわし、ただ山地と平原、北と南などで、気候に多少の違いがあります。風の向きが、季節《きせつ》によって反対となることは、日本や支那と似ていますが、向きは少し違います。すなわち、六月ごろから九月ごろまでは、南西風が吹き、山脈の西側にたくさんの雨を降らせて雨季となり、十二月ごろから三月ごろまでは、北東風が吹き、アンナンやマレー半島の東側をのぞく以外は、雨はほとんど降りません。

東部地方

インド支那の東部地方は南北にながく、北部のソンコイ川流域のトンキン地方、東の海岸に沿ったアンナン地方、メコン川の流域地方の三つに大別されます。この地方の中ほどを北西から南東へ走る山脈があり、メコン川はこの山脈の西側を流れて、川口に大きな三角洲《さんかくす》を作っています。

　この地方は、今から八十年ぐらい前から、フランスの勢力がはいって来ましたが、以前は王が各地を治めていました。なかでも、アンナン王は古くから有名で、今もユエの町に住んでいます。

東部インド支那の米と石炭

　水に便利な平地では、米がたいそうよくみのります。ソンコイ川・メコン川などの流域や三角洲は、特に米の産地として有名で、北の米をトンキン米、南の米をサイゴン米といっています。人口のわりあいに米の産額《さんがく》が多いので、わが国を始め支那や、フィリピンなどへも送り出すことができます。住民は、米のほか、とうもろこし・さとうきび・ゴム・やし・綿なども作っています。

　トンキン地方のホンゲイは、有名な無煙炭《むえんたん》の産地で、わが国へも盛んに送り出します。石炭のほかにも、錫《すず》・亜鉛《あえん》その他の鉱物が、地下にたくさんあるらしく、今後日本人の調査《ちょうさ》で次第

アンナンの水田耕作

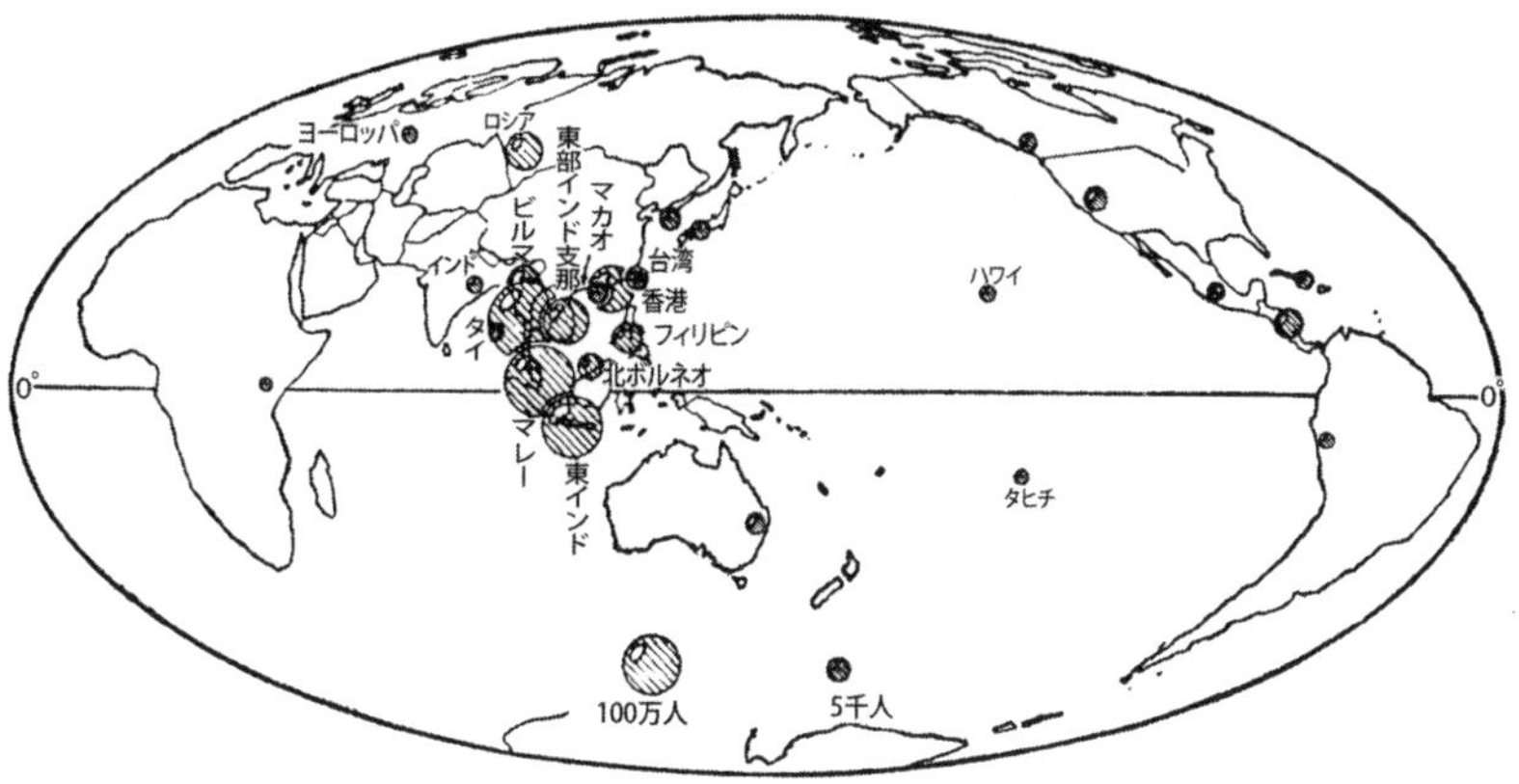

世界に住む華僑
（支那事変前の有様）

に明らかとなるでありましょう。

東部インド支那の住民と町々

この地方に住む約二千五百万の住民は、皆アジア人で、その大部分のものは仏教《ぶっきょう》を信じています。フランス人は、わずか四万人ぐらいしか住んでいません。大東亜戦争以来、経済的《けいざいてき》には日本と全く一体の関係にあります。日本人は、昔アンナンやカンボジアの各地に渡航《とこう》して、活躍したことがありました。今後は、他の南方諸地方と同じく、身体が丈夫で、心がけもりっぱな日本人が盛んに出かけて、この地方の開発《かいはつ》につくすことになるでしょう。華僑《かきょう》は四十万人もいて、商業方面になかなか勢力があります。

北の中心地として、川の中の島にできたハノイは政治《せいじ》の町で、日本の全権大使《ぜんけんたいし》や、フランスの総督《そうとく》がいます。ここから鉄道は北西へ走って、南支那の昆明《こんめい》へ達し、一

サイゴン米の積み出し

方海の出入口《でいりぐち》としては、外港《がいこう》ハイフォンがあります。南方商業の中心地であるサイゴンは、メコン川の支流にのぞむ川の港で、航空《こうくう》の方面から見ても大切な位置を占めています。サイゴンの南西五キロのところに、華僑の作った米の町ショロンがあります。

ハノイとサイゴンの間には、アンナンの海岸線に沿う鉄道があって、急行列車で約四十時間かかります。途中いたるところに水田があり、やしや竹やぶのよく茂った部落が、ところどころに見られます。要港カムラン湾は、南東の海岸にあります。

カンボジアの西の方には、有名なアンコールワットの遺跡《いせき》があり、将来《しょうらい》は見学の人々も次第に多くなることでしょう。

アンコールワット

中部地方

インド支那の中部地方は、すなわちタイ国で、もとシャムといわれ、三百二十年ばかり前、シャム王をたすけて日本の名をあげた山田長政《やまだながまさ》などによって、わが国では昔から親《した》しまれていました。

タイ国は、その真中《まんなか》を流れる水量《すいりょう》の豊《ゆた》かなメナム川の流域、その東側の高原地帯、西側のビルマ境の山脈地方、マレー半島の北部などに分けて見ることができます。大きさは六十四万平方キロで、わが国より少しせまいぐらいです。南部のマレー半島の部分をのぞくと、ひとかたまりのまとまった国土をなしています。

タイの米・チーク・錫《すず》

タイのいちばん大切な産物は、米とチークと錫《すず》で、米はタイの輸出の大部分を占め、わが国へもかなりたくさん送り出しています。現在は、一年に一回だけしか作らない水田が多いのですが、水利と作り方を工夫《くふう》すれば、まだまだたくさん

タイの象

のよい米が取れるでありましょう。綿の栽培も、将来有望とされています。

チークは、この国の七割を占める森林地《しんりんち》から伐《き》り出されます。この大きな重い材木のうんぱんには、名物の象《ぞう》がよく使われます。雨季《うき》には、特にたくさんの筏《いかだ》がメナム川の上流から流されます。錫は半島方面の地下にたくさんありますが、マレーにくらべると、まだ掘《ほ》り出すことが盛んでありません。

タイの住民

タイ国の人口は一千六百万ぐらいで、大部分のものは早くから仏教を信じ、慈悲心《じひしん》が深く、いっぱんに温和《おんわ》で人にも親《しん》切《せつ》です。昔からタイ人としてよくまとまり、英国やフランスの勢力の間にはさまって、国を持ちこたえてきました。

大東亜戦争が始まると、いち早くわが国と力を合わせ、やがて両国間に特別の固い同盟《どうめい》が結ばれ、わが国の指導《しどう》で大東亜の建設に努力しています。ここにも非常にたくさんな華僑がいて、東部インド支那と同じように、商業を盛んに営《いとな》んでいます。

バンコク

たくさんのきれいな寺院のあるバンコクは、この国の中心地で、タイの奥地《おくち》と、マレー半島方面への鉄道が通じています。また、以前から南方諸地方の国際《こくさい》航空路の中心をなしていました。市中を流れるメナム川の川べりには、床の高い涼しそうな家が見られ、水上に生活する人々も少くありません。

川々には、上に家を組《く》み立てた筏《いかだ》の浮き家《や》がたくさんみられ、市場《いちば》を作っているものもあります。水のふえる時期には、特に舟のゆききが盛んです。

バンコクの北百キロぐらいのところに、アユタヤの町があり、昔日本人がたくさん住んで、日本町を作っていました。この町の近くに、長政とその子がまつられています。

西部地方

タイの西、インド支那の西部地方をなすのがビルマです。この地方の真中を、北から南に流れているイラワジ川の流域と三角洲が、ビルマの最も大切な部分であります。しかもこの川は、川口から上流約千六百キロまで、汽船でのぼること

ラングーンの市街

ができます。

北東部には、七八月ごろでも涼しいシャン高原があって、谷は深いが、全体として平らな高原をなし、将来《しょうらい》はよい農業地となるであろうと思われます。タイや支那との間にも、またインドとの間にも高い山脈があって、各方面への交通は不便です。

ビルマの米と石油

ビルマは農業国で、米がたくさんでき、いわゆるラングーン米として、わが国へどんどん送り出されます。大東亜戦争以前は、インドへも盛んに出していました。

石油は、この国の大切な資源で、イラワジ川の中流各地に油田《ゆでん》があり、これまで一年約百十万トンを産出していました。このほかタングステン・銅・鉛《なまり》・亜鉛などの鉱物や、チーク・綿・ゴムなども産します。

ビルマの油田

支那への通路とビルマの住民

ラングーンから自動車・汽車・船などで奥地《おくち》まではいり、さらに支那へ通う路があって、これによって米・英の物資が支那へ送られたこともありますが、わが軍の占領以来、この道はとまってしまいました。

ビルマの人口は約一千六百万あまりで、その大部分はタイ人と同じく仏教《ぶっきょう》を信じ、男は一生に一度は僧となる習慣があります。今ビルマの人々は、みずから進んでわが国と力を合せ、大東亜の建設に努力しています。米の港ラングーンは水運に恵《めぐ》まれ、町の中にはところどころに大きな仏塔《ぶっとう》が見られます。ビルマの中央部にあるマンダレーは、交通の要地です。

九　インドとインド洋

インドはアジア大陸の南西、インド洋に突《つ》き出ている大きな半島で、面積はわが国の六倍もあります。インド洋の北は、このため東のベンガル湾と、西のアラビア海とに分けられています。

地図で見ると、インドは、大体次の三つの部分から成っていることがわかります。南の三角形の部分を占めるデカン高原、北のヒマラヤ山脈地帯、及びこの二つの間のインド平野がそれです。このうちでいちばん大切なのは、インド平野で、東のガンジス川流域と、西のインダス川流域から成り、それがひと続きになっています。ガンジス川の下流には、低湿《ていしつ》な部分がひろがり、川口には大きな三角洲が見られます。インダス川の上流は、五つの川にわかれて五河《ごか》地方と呼ばれ、中流附近の東部一帯は、沙漠になっています。

デカン高原は古い堅《かた》い岩石の高原で、北西部には溶岩《ようがん》でできた土

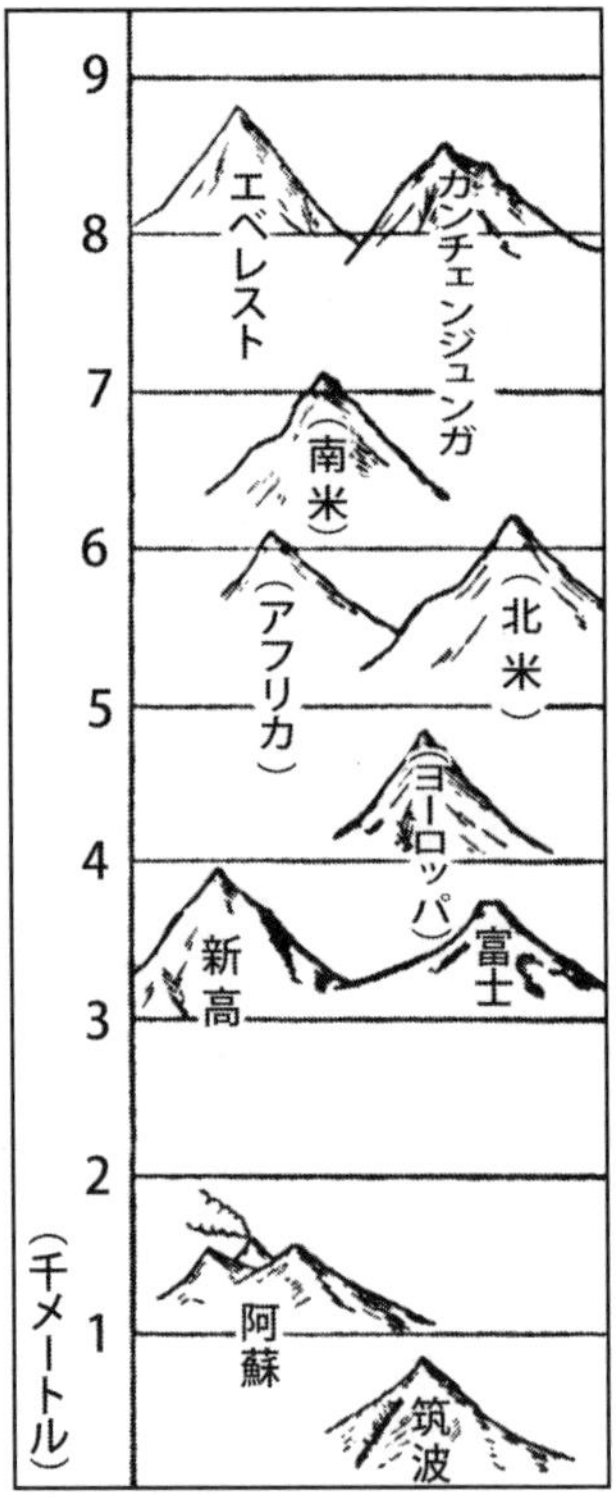

世界の山の比較

地があり、西端《せいたん》にこの高原中のいちばん高いところが続いています。台湾の二倍ぐらいあるセイロン島は、インドの南東端に近いところにあって、インド洋北部の要地をなしています。千古の雪をいただくヒマラヤ山脈は、インドとチベットの間に、ほぼ東西に長く、天をくぎってそびえています。中でも世界の最高峰《さいこうほう》エベレスト、また氷河《ひょうが》で名高いカンチェンジュンガは、群を抜いて高く、ダージリンから望む山々の雄大《ゆうだい》な眺《なが》めは、まことにすばらしいものです。インドの北東は、ビルマと山脈でへだてられ、北西にはインダス川流域を越えて、イラン高原の続きの山地があります。

ヒマラヤの山々

はげしい季節風《きせつふう》

インドほどはげしい季節風《きせつふう》の吹くところは、世界に例がありません。風の向きはインド支那と同じく、六月ごろから九月ごろまで、南西の風が吹き続き、インドの大部分にたくさんの雨を降らせます。たとえばボンベイでは五月にわずか二十ミリの雨しか降らないのに、六月には

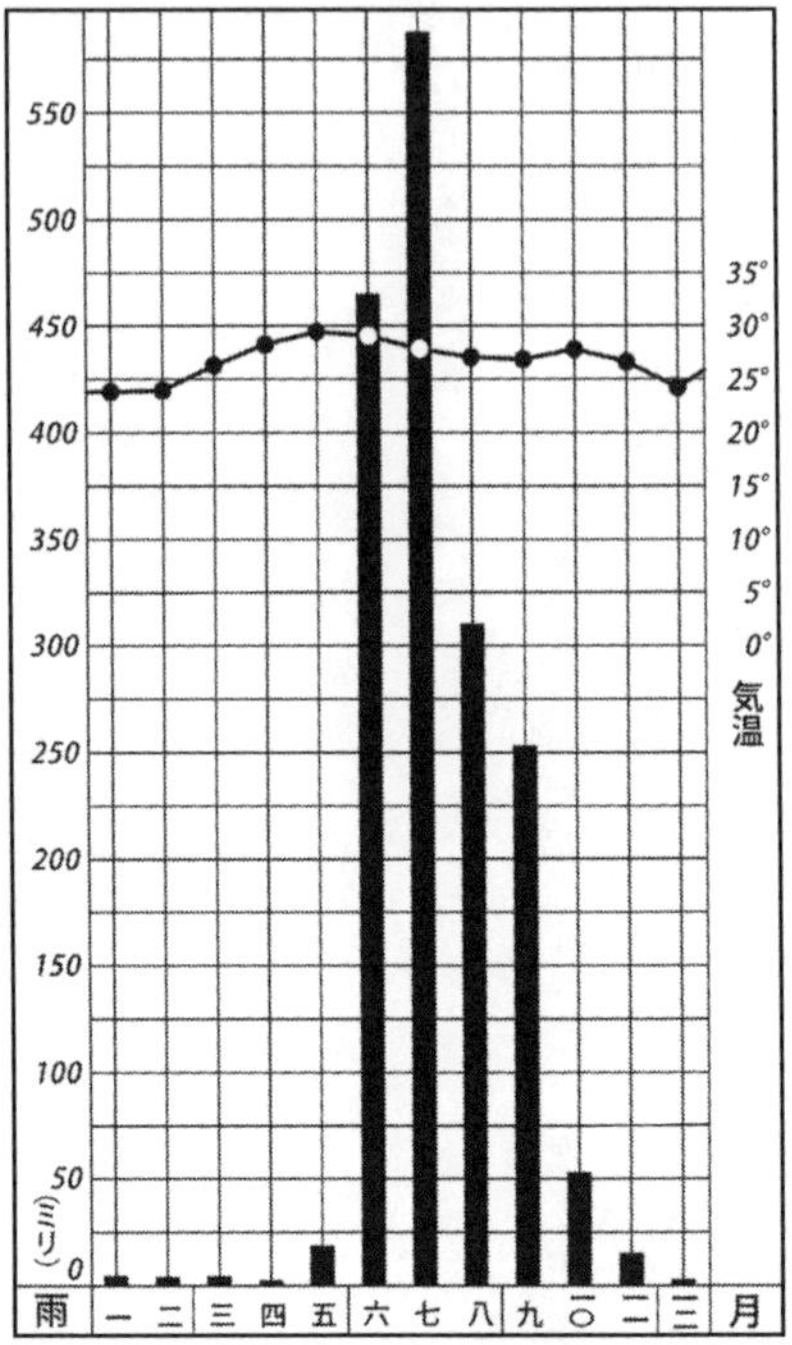

ボンベイの気候表

五百ミリ近くも降るのです。この雨が何かのぐあいで少しでもおくれると、それを待ちかねている作物《さくもつ》は、たちまちその成長をさまたげられます。綿を始め、茶・さとうきび・米なども、皆そのえいきょうをこうむります。いちばん雨の多いのは、インドの北東部にあるアッサム地方で、ちょうど夏の雨を受けるに都合のよい山の南側《みなみがわ》の斜面《しゃめん》になっていますから、雨の多いことは世界一といわれています。一二月ごろはインド支那と同じく北東風で、陸から吹く乾《かわ》いた風ですから、インドの大部分ほとんど雨が降らず、ただセイロン島の東側《ひがしがわ》や、マドラス附近のベンガル湾にのぞんだ部分に、少し降るだけです。

アジアの東側の日本を始め、満洲・支那・インド支那など、各地ともこうした季節風に見まわれていますが、インドではそれがいちばんはげしいのです。この季節風は、東亜共通の現象《げんしょう》であり、東亜の人たちはこの風によって育ち、この風によって生活しているといってよいぐらいです。

綿・ジュート・鉄

季節風の雨によって生育するインドの綿は、米国に次いで世界第二の産額《さんがく》を示しています。かつてわが国は、ここからたくさんの綿を買い入れ、それを綿糸《めんし》とし、綿布《めんぷ》に織《お》ってインドへ再び輸出し、その量も一時は英国からはいるものをしのぐほどでした。そこで英国は日本の品

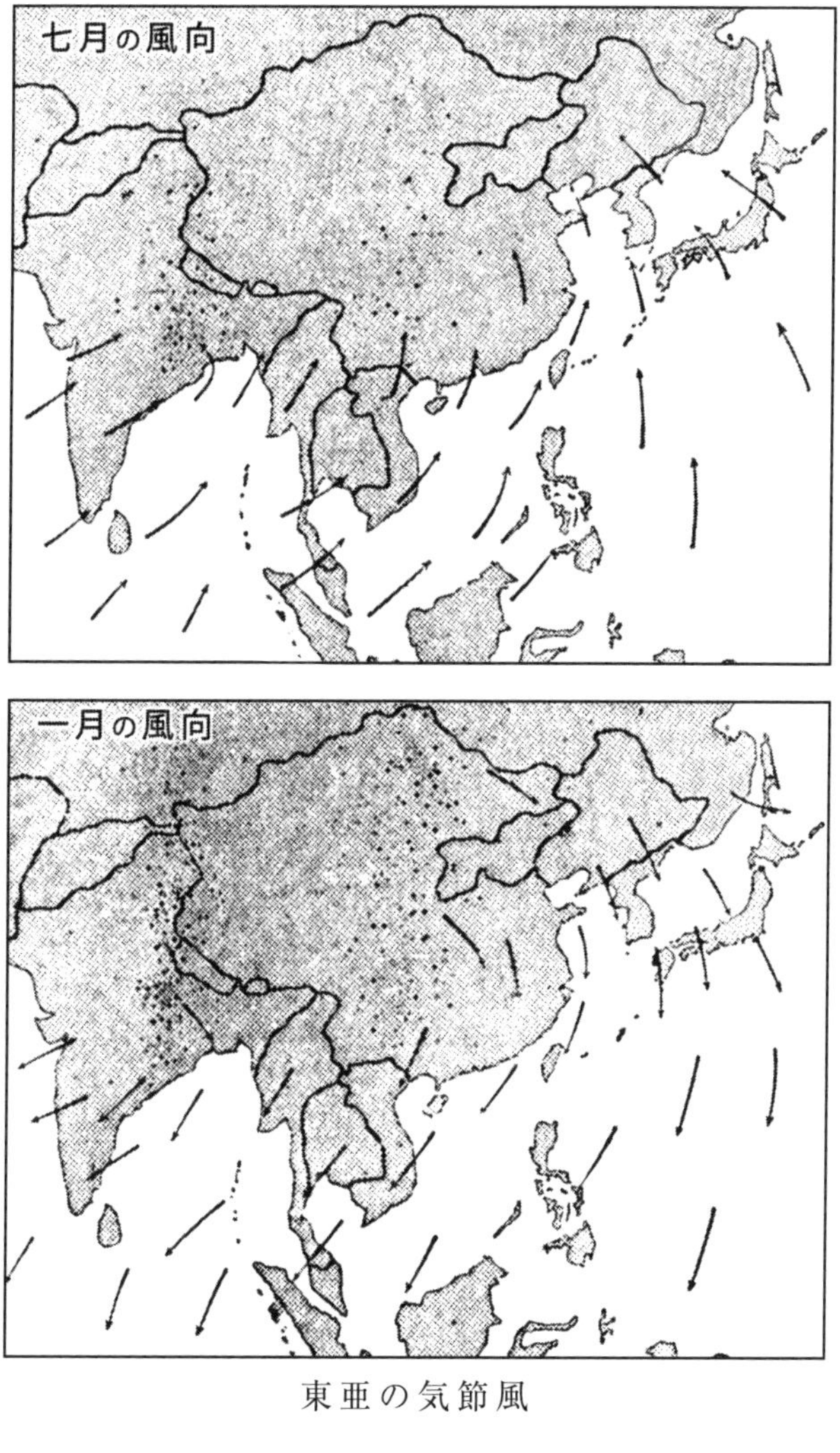

東亜の気節風

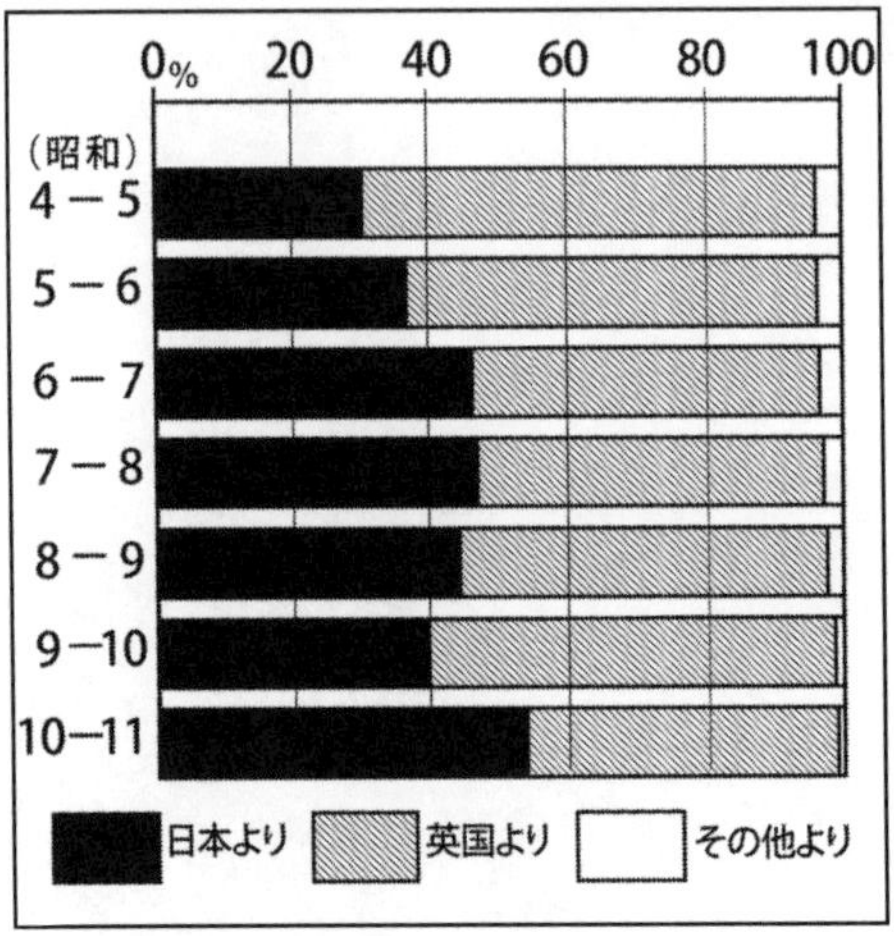

インドへ入る綿布のわりあい

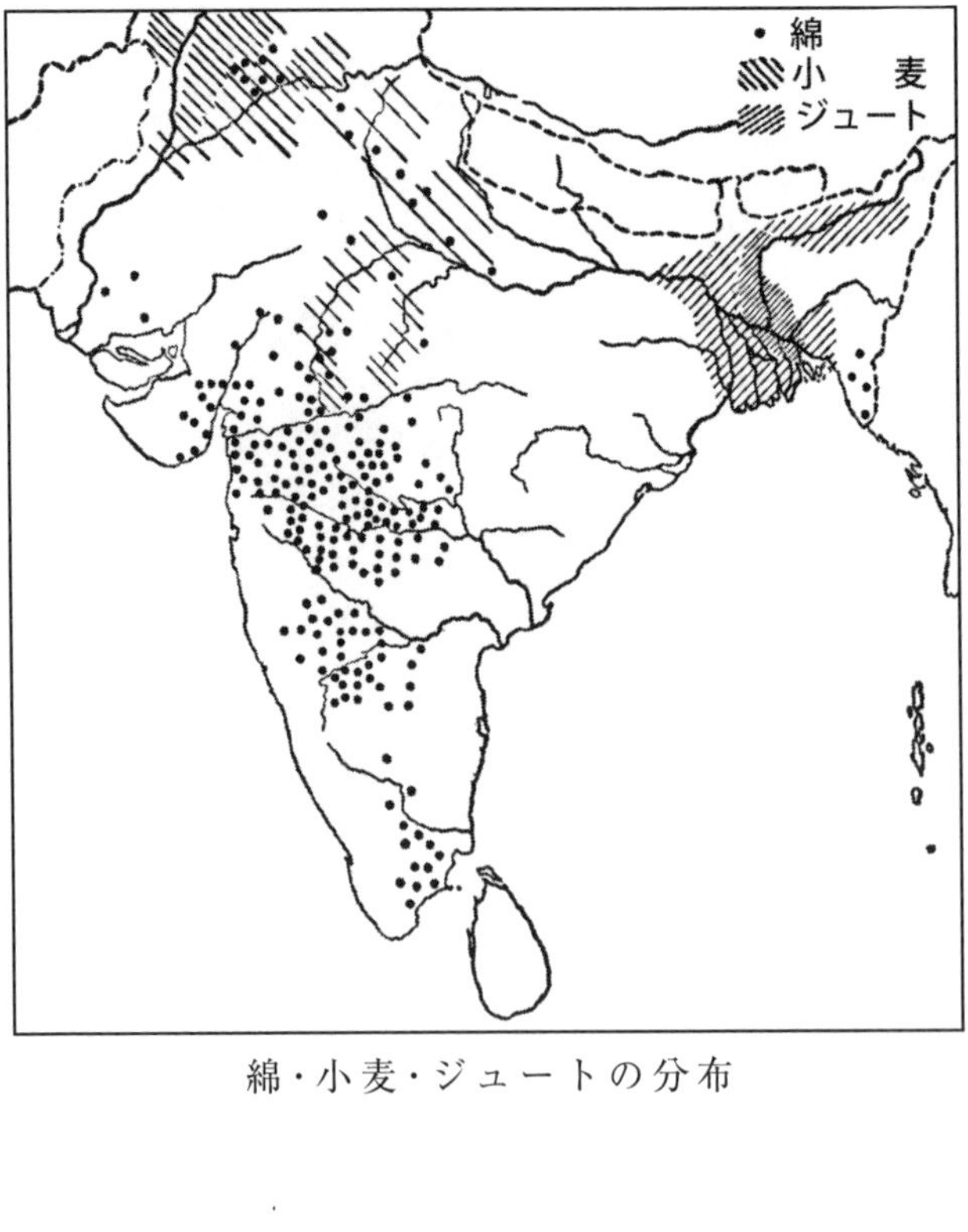

綿・小麦・ジュートの分布

物にずいぶん高い関税《かんぜい》をかけ、日本にも、またインド人自身にも、迷惑《めいわく》をかけるように仕向けました。これに対し、日本ではやむをえず、インドの綿を買わないことにしたこともありますが、それがまた綿を作っているインドの農民に痛手《いたで》を与えることになり、いっそう英国をうらむようになりました。こうしたことだけでも、どんなに日本とインドとの関係が深いかがわかるのです。

分布図でわかるように、綿は、デカン高原の北西部を中心として取れますが、この地方は火山質の黒い土からなっているので、それをあらかじめ耕しておいて、六月の雨を待って種をまきます。この土は、水分をよくふくむので、綿はりっぱに育ちます。作られた綿は、ボンベイから、日本や英国へ送られていました。ボンベイには、日本人の紡績《ぼうせき》工場もあったほどです。

綿のほかに、小麦・さとうきび・ジュート・菜種《なたね》・米・阿《あ》片《へん》など、農業国インドにふさわしい産出を見るのですが、こ

ボンベイの綿の積み出し

カルカッタ

のうちインドを代表するものの一つは、ジュートです。これは、ガンジス川下流低地などのように、夏の間水の絶《た》えない、暑いところにかぎって生育する作物《さくもつ》で、世界でもあまり例のない特産物です。日本で南京袋《なんきんぶくろ》といっている袋《ふくろ》の原料となり、そのほか織物《おりもの》や、製紙の原料《げんりょう》にも使われます。ジュートは、これまでインド平野の入口の港カルカッタから、盛んに海外へ送り出されていました。米やさとうきびは、産額《さんがく》が少くありませんが、インド人の食糧としてはまだ不足で、以前からビルマの米や、ジャワのさとうを買い入れていました。

茶は雨の多いアッサム地方や、セイロン島の傾斜地《けいしゃち》によくでき、セイロン島で産するものは、コロンボの港から海外へ送り出されます。小麦は、比較的涼しくて雨の少い五《ご》河《か》地方から、ガンジス川上流にある首府のデリー附近一帯が主産地です。ヒマラヤの雪どけの水を引いて作るのが多く、冬から春の間に育ちます。

鉱産物としては、石炭・鉄・マンガンなどが知られています。鉄鉱は各地から産出し、もと日本へも盛んに送り出されていました。英国は、以前から本国のものを売りつけるため、インドの工業の発達することを喜ばなかったのですが、最近では綿や鉄を利用して、工業が興《おこ》っています。

英国とインドの住民

以上のように、インドは物産が豊《ゆた》かであるのに、インド人の多数は実にまずしい生活をして来ました。それというのも、インドが百二三十年前から、全く英国の支配を受けるようになったからです。三億八千万のインド人は、わずか二十万たらずの英国人によって治められているのです。

インドは、仏教の起ったところで、釈迦《しゃか》は今から二千六百年ぐらい前に生れ、ガンジス川の流域地方に住む、当時のインド人の心を救いました。しかし、現在では仏教を信じるものがわりあい少く、大部分は、ヒンズー教徒《きょうと》と回教徒《かいきょうと》であります。英国はこれらの教徒をお互《たがい》に反目《はんもく》させるようにし、またインド内の王のいる土地と、英国の直接治める土地との二つをも仲たがいさせて、インドの独立を

コロンボ

アンダマン島の敵前上陸

さまたげようとしていたのです。

こうしたあわれなインド人にも、今こそ立ちあがる時が来たのです。大東亜の建設は、すべてのアジア人をしてそのところを得させることを目標《もくひょう》としています。われわれも、そのために将来《しょうらい》ますます努力しなければなりません。

インド洋

インド洋は、太平・大西両洋に次ぐ世界第三の大きな海で、東は太平洋に連《つら》なり、北西は紅海《こうかい》・スエズ運河《うんが》を越えて地中海へ連絡《れんらく》し、南西は、アフリカの喜望峰《きぼうほう》をめぐって大西洋へも続いています。太平洋や大西洋との違《ちが》いは、ただ北の方がアジア大陸でくぎられていて、赤道以北はわずかしかないことです。インド洋は、インドを始め濠洲《ごうしゅう》、アフリカの東岸など、英国の領土《りょうど》で大部分取りまかれていました。それをまもるため、英国はセイロン島のコロンボ・ツリンコマリー、アラビア半島南端のアデン、濠洲のダーウィン、南アフリカのケープタウンなどに、海軍の基地をかためていました。日本の占領した昭南港は、そのうちのいちばん大切なものでした。インド洋の南西にあるマダガスカルは、日本全体より少し小さいぐらいの大島で、軍事上から特に大切です。

日本の汽船は、戦争前、はげしい季節風の吹く、波風の荒いインド洋を乗り越えて、盛んにヨーロッパやアフリカと交通していました。中にはインド洋を斜《ななめ》に横切って南米へ通う船もありました。またわが漁船も遠くこの方面へも進出していたほどです。大東亜戦争で、インド洋北東部の島々をわが軍が占領してからは、情勢《じょうせい》が変り、わが海軍はここへ堂々《どうどう》と乗り出して力強く活躍《かつやく》を続けています。

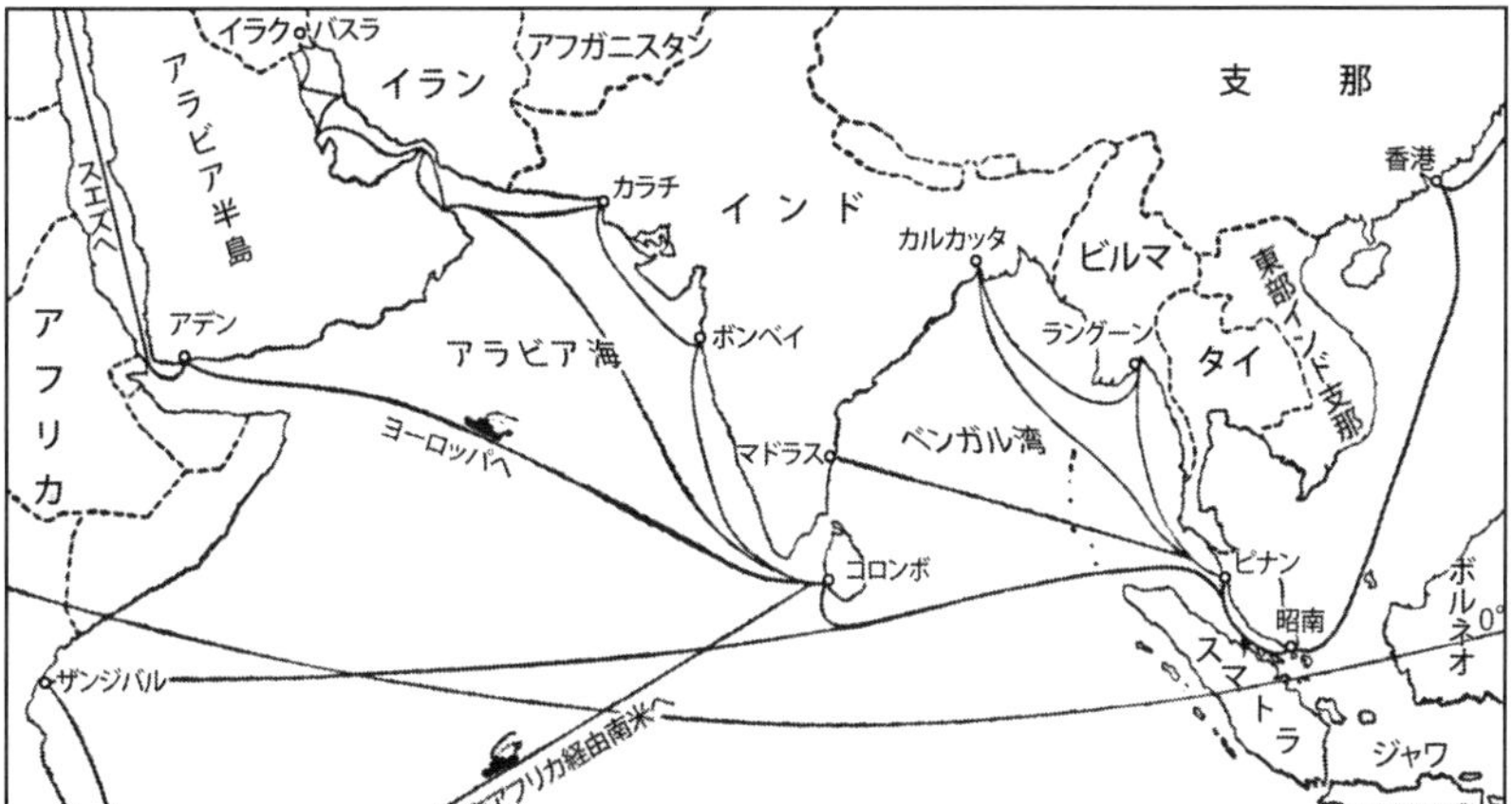

わがインド洋航路

十　西アジアと中アジア

アジア大陸の西部にある西アジアは、ヨーロッパ・アフリカに隣り合っている地方です。この地方は、インドの北西部のアフガニスタン・イラン・イラク・アラビア半島、西方のトルコ・コーカサス、その他の国々から成っています。

英国は、地中海を越え、スエズ運河を通り、アデンを経《へ》て、インドをまもるために、米国とともに、この地方とは最近特に深い関係を結んでいます。ロシアはまた、北から海を求《もと》めてインド洋へ出るために、アフガニスタンからインドをうかがい、イランへ侵入《しんにゅう》しています。ドイツやイタリアも、またこの地方に特別の関心を持っています。

わが国は、もとこの地方へ綿布《めんぷ》をたくさん輸出していましたし、今やインド洋へ進出している関係からいっても、この地方をゆるがせにすることはできません。

西アジアの北東部にあって、内陸の大きな平原をなす地方が中アジアで、ここは全くロシアの一部であります。

泉地と回教徒

高原と暑い沙漠

西アジアは、歴史上早くから開けたメソポタミア平原をのぞくと、いっぱんに高原で、内陸部は、夏特に暑く、雨が少く、大部分は沙漠となっています。高原の草地《そうち》では、わずかに羊や山羊《やぎ》が飼われ、沙漠の中では、稀《まれ》にある水のわき出る泉地《せんち》の附近で、少しばかり農業が営《いとな》まれています。泉地には、普通なつめやしが茂っているので、遠方《えんぽう》からもそれがわかります。らくだに乗った隊商《たいしょう》は、泉地から泉地への旅を続け、近ごろは自動車も盛んに利用されています。

アフガニスタンは、インドとロ領にはさまれた国で、首府はカブールです。

イランのもとの名はペルシャで、首府のテヘランからペルシャ湾へ通じる鉄道があります。この国の南部や、南西部からイラクにかけては、有名な石油の産地があり、送油管《そうゆかん》が沙漠を走って、ペルシャ湾へも、また遠く地中海へも達しています。

チグリス川の中流に、バグダード鉄道の通る

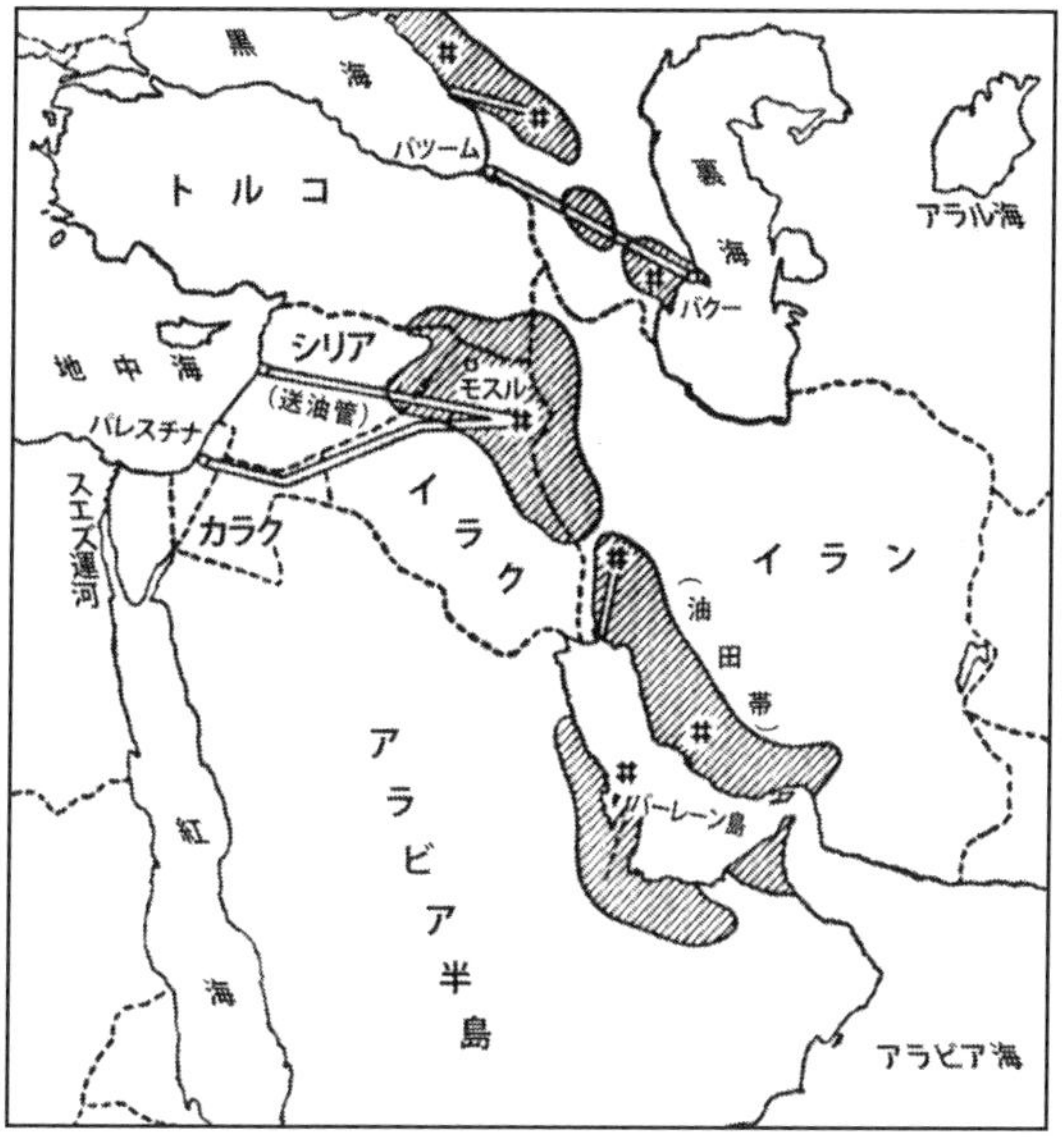

西アジアの油田

バグダードがあり、近くにバビロンの遺跡《いせき》があります。下流にあるバスラはペルシャ湾へ出る要地で、上流附近のモスルは、イラク方面の油田の中心地です。

黒海と地中海にはさまれた、小アジア半島の高原国トルコは、産業はあまり発達していませんが、亜欧を連絡する政治上大切な地方をなし、内陸には首府アンカラがあります。

地中海にのぞむシリア地方ではオリーブ・ぶどう・いちじく・みかんなどを産し、その南方のパレスチナはユダヤ人の郷土です。

大きな高原状のアラビア半島は、アフリカとスエズ運河で接しています。紅海にのぞむ高原の中にメッカ・メジナがあり、南端には要地アデンがあります。

コーカサスでは、コーカサス山脈の北側にも南側にも、方々に油田があって、バクーは特に有名です。

なつめやし

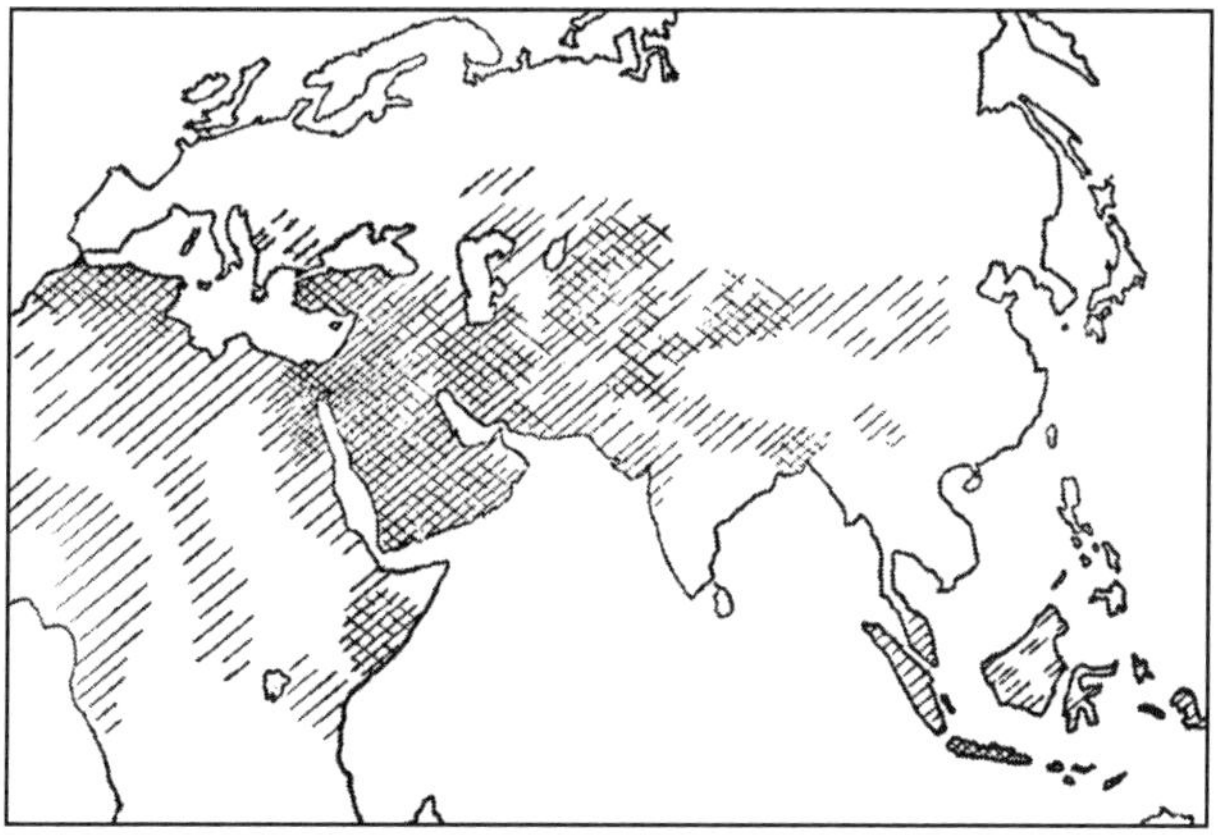

回教徒の分布

中アジアの草原

東は支那の山地とパミール高原、南は西アジアの高原にかこまれた中アジアは、すべての川が海への出口を持っていません。雨がほとんど降らないので、草原《そうげん》と沙漠が続き、トルコ人がところどころで、草地《そうち》を追って羊や山羊を飼い、また川のふちで引き水をして、綿や小麦などを栽培《さいばい》しているものもあります。東部の高い山地から流れ出る川をせきとめて水力電気をおこし、これを利用して、最近ロシアは工業を盛んに興《おこ》しています。

この地方は、昔から天山南北路《てんざんなんぼくろ》を通じて、東亜とヨーロッパとの通路《つうろ》に当っていました。

回教徒《かいきょうと》

西アジアと中アジアに住む人々は、みんなアジア人で、回教を信じています。回教は、今から千三百余年前、アラビア半島の西部に起った宗教《しゅうきょう》で、マホメットが始めたのでマホメット教ともいいます。沙漠的なはげしいところのある宗教です。世界中には、およそ三億の回教徒がいるといわれます。

この地方の町や部落には、きまったように尖《とが》った高い塔《とう》と、丸屋根《まるやね》の回教寺院が見られ、毎《まい》金曜日には、いつも回教徒の熱心な礼拝が行われます。回教徒は、わが国から買い入れた白色の布を用い、ふつう裾《すそ》の長い衣服《いふく》を着ています。いっぱんに、煉瓦《れんが》かしっくいの家が多く、屋根は雨が少いため平なものや、回教式の丸いものが見られます。

この地方はまたキリスト教の起ったところで、地中海に近いエルサレムは、キリストの聖地《せいち》であります。

アラビアの町

十一　シベリア

満洲とわが国の北辺一帯に、ひろがっているシベリアは、わが国の約十八倍の大きさがありますが、その大部分は北緯五十度より北にあって、樺太や北満などよりも、もっと寒冷《かんれい》な地方です。今から三百年ぐらい前、ロシア人は、ウラル山脈を越えて、この地方一帯へやって来ました。

ツンドラととなかい

　この地方に住むロシア人の一部は、黒《こく》龍江《りゅうこう》の流域や、シベリア西方のオビ川・エニセイ川などの上流に近い平原で、夏の間の少し高くなる気温と、日の長いのを利用して、小麦・燕麦《えんばく》・じゃがいも・甜菜《てんさい》などを作っています。いっぱんに、冬は壁《かべ》の中へ火気《かき》をとじこめて部屋《へや》を暖めるペチカで、やっと寒さをしのいでい

ます。

シベリアには、針葉樹《しんようじゅ》やしらかばを主とする広い森林地帯があるので、それから伐《き》り出す木材によって、燃料《ねんりょう》には少しも不自由をしません。従って、パルプの原料も、無尽蔵《むじんぞう》といってよいほどです。また森林地帯にすむきつねやてんなどの毛皮は、この地方の人々のよい防寒具《ぼうかんぐ》になります。

一方シベリアの北部、北極海《ほっきょくかい》にのぞむ一帯の地域は、ツンドラ帯と呼ばれて、樹木も生えず、一年中地下は凍《こお》っています。ただその一部は、夏の間だけ地面《じめん》に苔《こけ》が生え、それでとなかいが飼われます。主《おも》な川は、北の方へ流れていますが、下流はツンドラ帯にあるので、水はうまくはけません。北極海では、夏のある期間だけ氷がとけるので、船もベーリング海峡を越えて、太平洋から大西洋へ抜けられるのです。

わが北洋漁業と北樺太の石油・石炭

日本海の北部からオホーツク海・ベーリング海へかけて行われる、いわゆる北洋《ほくよう》漁業は、わが国が早くからその一部漁場を開いたのであり、特に日露戦役の勝利によって、始めて全体の権益《けんえき》が確実《かくじつ》になったものです。毎年四月から九月末までの漁期には、約四万人のわが漁夫たちは、遠く離れた北洋へ進出し、濃霧《のうむ》や風波《ふうは》や、その他あらゆる困難《こんなん》とたたかいながら勇ましく活動します。こうしてたくさんのさけ・ます・たら・かれい・たらばがになどを取り、中でもさけや、たらばがには、船の中、または千島列島の北部の占守《しゅむしゅ》・幌筵《ほろむしろ》などの島々や、カムチャッカ半島の海岸などで、かんづめに作ります。

たらばがにとかれい

北樺太は、北緯五十度を境として、わが南樺太と接していますが、ひとしく針葉樹林の続く景色から見ただけでも、南と北の区別《くべつ》はなく、全くひと続きをなす地方であることがわかります。また、樺太と間宮海峡をへだてて相対している沿海《えんかい》州《しゅう》一帯も、森林の多い地方であります。

わが北洋の漁場

北樺太には、わが国と関係の深い油田や炭田があります。東海岸のオハや、カタングリなどを中心とする油田から、わが会社の手によって、年約二十万トン以上の石油が採取《さいしゅ》され、また西海岸のドウエを中心とする炭田から、多くの石炭が、やはりわが国人の手によって掘り出されていたことがあります。

日・満・ロの国境

ロシアは、満洲国の北半の国境をぐるりと取りまいており、また南東の方面では、わが朝鮮と直接境を接しています。それらの国境は、すでに満洲のところでしらべたように、おおよそ川で境されていますが、それらは水の流れが移動《いどう》しやすく、また外蒙古《そともうこ》との境は、はっきりと区別のつきにくい荒野《こうや》などで接しているのです。またロシアの太平洋艦隊の根拠地《こんきょち》であり、飛行基地であるウラジオストクは、日本海をへだてて、わが国へひとまたぎのところにあって、東京とはわずかに一千キロあまり、飛行機で三時間ぐらいしか離れておりません。

ウラジオストク

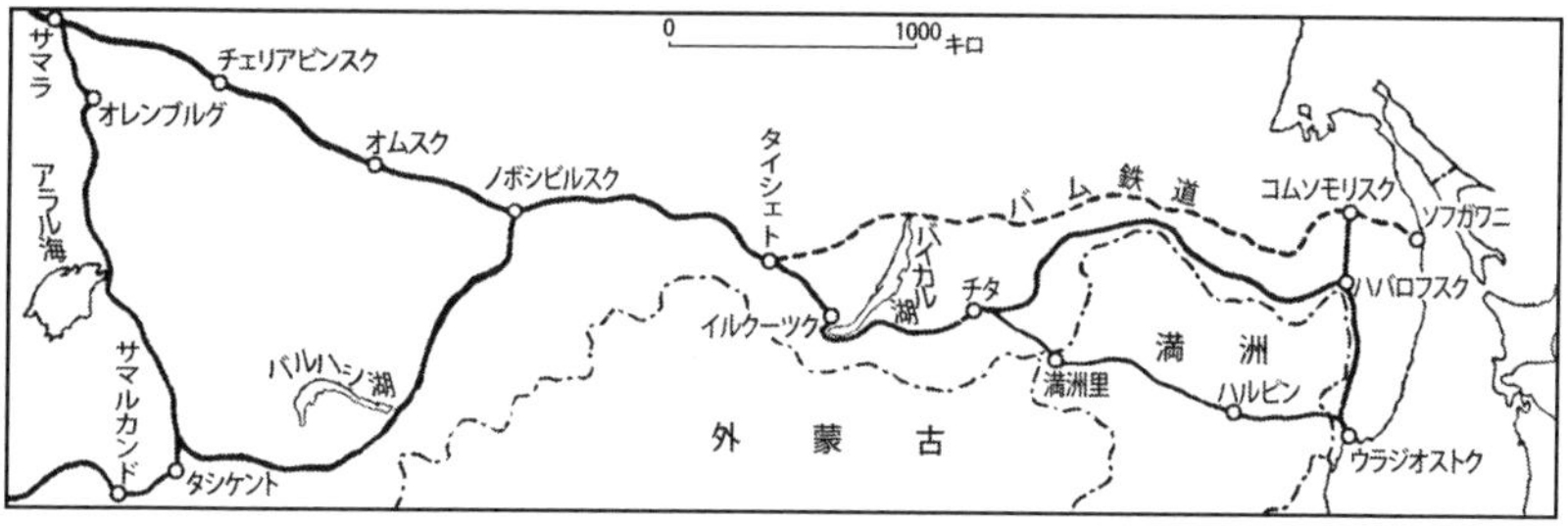

シベリア鉄道

シベリア鉄道

ウラジオストクを発し、ハバロフスク・チタ・イルクーツクなどを通って、はるかにヨーロッパへ達する鉄道を、ふつうシベリア鉄道と呼んでいます。日本からは、朝鮮・満洲の町々を通り、北西国境の満《まん》洲里《しゅうり》でこれに連絡《れんらく》し、かつては旅行も物資輸送も自由に行われていました。

地図でわかるようにシベリア鉄道や黒龍江などに沿って、主な町々があり、特に工業地としては、バイカル湖の南西にあるイルクーツクや、黒龍江の下流に近いハバロフスク・コムソモリスクなどが有名です。黒龍江は冬の間凍りますが、あとは水運も便利で、海の出口としてニコライエフスクがあります。

シベリア鉄道附近の山地には、金・銀・鉄・石炭などもたくさんあるもようです。また西方のオビ川の上流に近いノボシビルスクやスターリンスク方面では、附近から産する鉄や石炭を利用して、重工業が盛んに行われています。最近ではシベリア鉄道の北方を通るバム鉄道が計画され、その一部はすでにできあがっています。

十二　太平洋とその島々

北は霧とあらしのベーリング海から、珊瑚礁《さんごしょう》の浮かぶ熱帯の海を越えて、さらに氷にとざされる南極海《なんきょくかい》まで、西はアジア大陸から東は南北アメリカまで、この間にはさまれた太平洋は、地球の表面の三分の一を占め、大西洋の二倍もある広さです。

この大きな太平洋の中に、数《かぞ》え切れないほどの島々が、空の星のように散らばっています。西南太平洋の大きな島々を始め、水面に見えかくれする珊瑚礁から、三千メートル以上の高さを持つ島々まで、いろいろの種類の島がこの大海に抱《いだ》かれています。

島々には、はなればなれの生活をして、ふしぎな風俗《ふうぞく》や習慣《しゅうかん》をもつ住民がいるかと思うと、舟という便利な交通機関で結ばれ、思わぬところに思わぬ親類のような住民を見ることがあります。中には、まだみつからない、いわゆる無人島《むじんとう》さえあるだろうと思われます。

珊瑚礁の島とまるき舟

いかに小さい島でも、それが要所に当っていれば、軍事上交通上非常に大切で、或《あ》るいは飛行機・潜水艦《せんすいかん》の基地となりますから、各国は早くからそうした島々をゆるがせにしませんでした。わが国は、欧洲大戦後、南洋群島を治めていますが、それは太平洋上に日本の力をのばす上からいって、極《きわ》めて大切なことでした。

霧のアリューシャン

太平洋の北の端にあるベーリング海をくぎりながら、アジアとアメリカとの間に、じゅずのようにつながっているのが、アリューシャン列島です。この列島は、多くの火山の島々からできていて、わが千島列島とよく似ています。列島の南方を黒潮《くろしお》が流れ、北のベーリング海の冷《つめた》い空気と、黒潮に乗って来る暖い空気が、ちょうどこの列島附近で出あうので、はげしい濃霧《のうむ》すなわちガスが発生《はっせい》して、この列島を包みます。このため、空気はひえびえとして、ほとんど樹木の生育を許しません。四季を通じて曇りが多く、夏は濃霧にとざされ、冬ははげしい西風の吹くのがこの地方

ダッチハーバーの爆撃

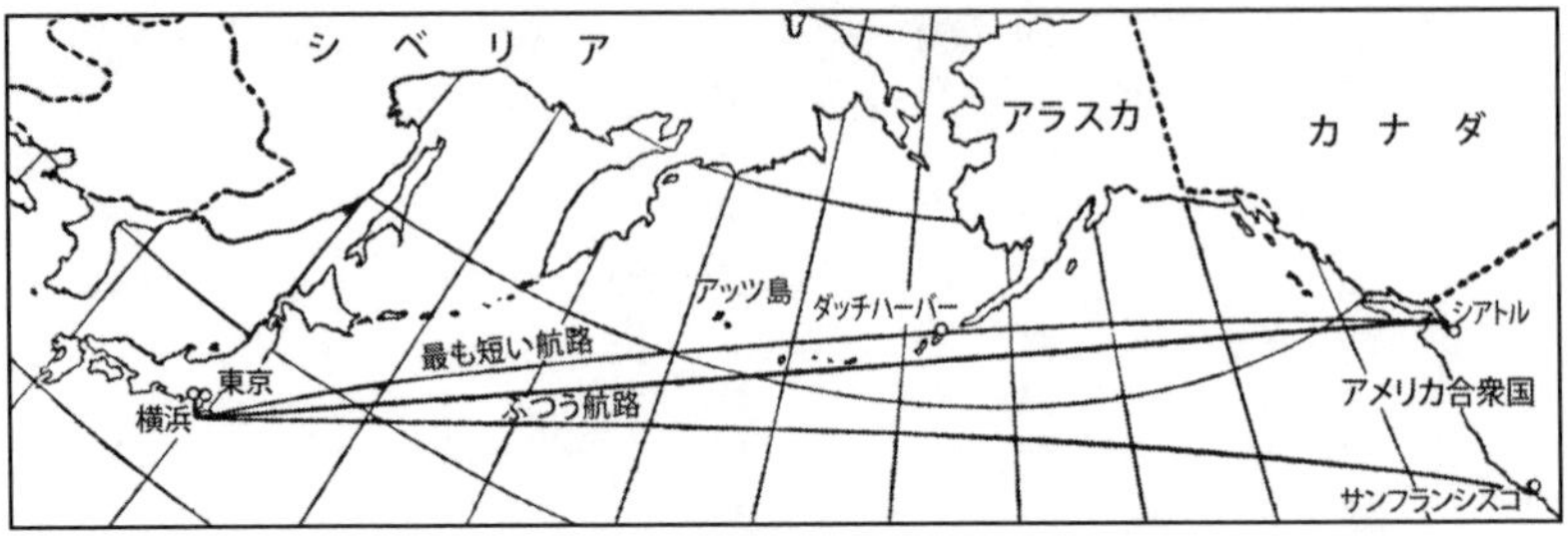

アリューシャン列島近くの航路

の気候上の特色です。でも、毎年四月を過ぎると次第に昼間《ひるま》が長くなり、五月にはアリューシャン続きのアラスカのユーコン川の氷もとけ始め、六月から九月までは、濃霧にとざされながらもどうやら船の航《こう》行《こう》ができるのです。

この地方は、東亜に対する米国の北の進攻路《しんこうろ》に当っており、最近しきりにその備《そな》えをしていましたので、昭和十七年六月、雪どけを待って、わが軍は列島の中のアッツ・キスカの二島を攻略《こうりゃく》し、さらに有力な敵の根拠地《こんきょち》ダッチハーバーを爆撃《ばくげき》しました。この列島附近は、地図でわかるように、北太平洋の大切な航路に当っています。すなわち、横浜・シアトル間のいちばん短《みじか》い道すじに当るのです。

島々には一千人たらずの住民が住んでいて、海ではあしかやさけを取り、陸ではきつねなどを飼い、また一部ではとなかいを飼って生活しています。元来北洋一帯は水産業の宝庫《ほうこ》といわれ、さけ・たらを始め、魚類や海獣《かいじゅう》が非常に豊《ゆた》かですから、わが北洋漁業は、今後この地方でもいっそう進展し、すぐれた漁法によって盛んに漁獲《ぎょかく》するようになることと思われます。

ハワイとミッドウェー

昭和十六年十二月八日のあけがた、突然真珠湾《しんじゅわん》の大爆撃が敢行《かんこう》され、大東亜戦争の幕が切って落されました。ハワイ諸島は、太平洋上の重大な位置を占めています。横浜からホノルルまでは三千四百海里、すなわち六千三百キロ、ホノルルから米国のサンフランシスコまでは約二千百海里、また濠洲《ごうしゅう》のシドニーまでは四千四百海里、パナマ運河《うんが》までは四千七百海里あって、ハワイはちょうど太平洋上の十字路に当っています。米国は戦前、その大艦隊をここに集めて、東亜をうかがっていましたが、わが勇敢な海軍の前にはひとたまりもなく、一挙にしてほとんど撃滅《げきめつ》されてしまったのです。

ハワイの島々は北回帰線《きたかいきせん》より少し南にあって、貿易風《ぼうえきふう》がたえず吹き、雨も適度《てきど》でわりあいに涼しく、四季を通じて初夏《しょか》のような気候です。火山島で地味《ちみ》もよいため、さとうきびやパイナップルを産出します。

ホノルルや真珠湾のあるオアフ島は、淡路島《あわじしま》の二倍半

真珠湾の攻撃

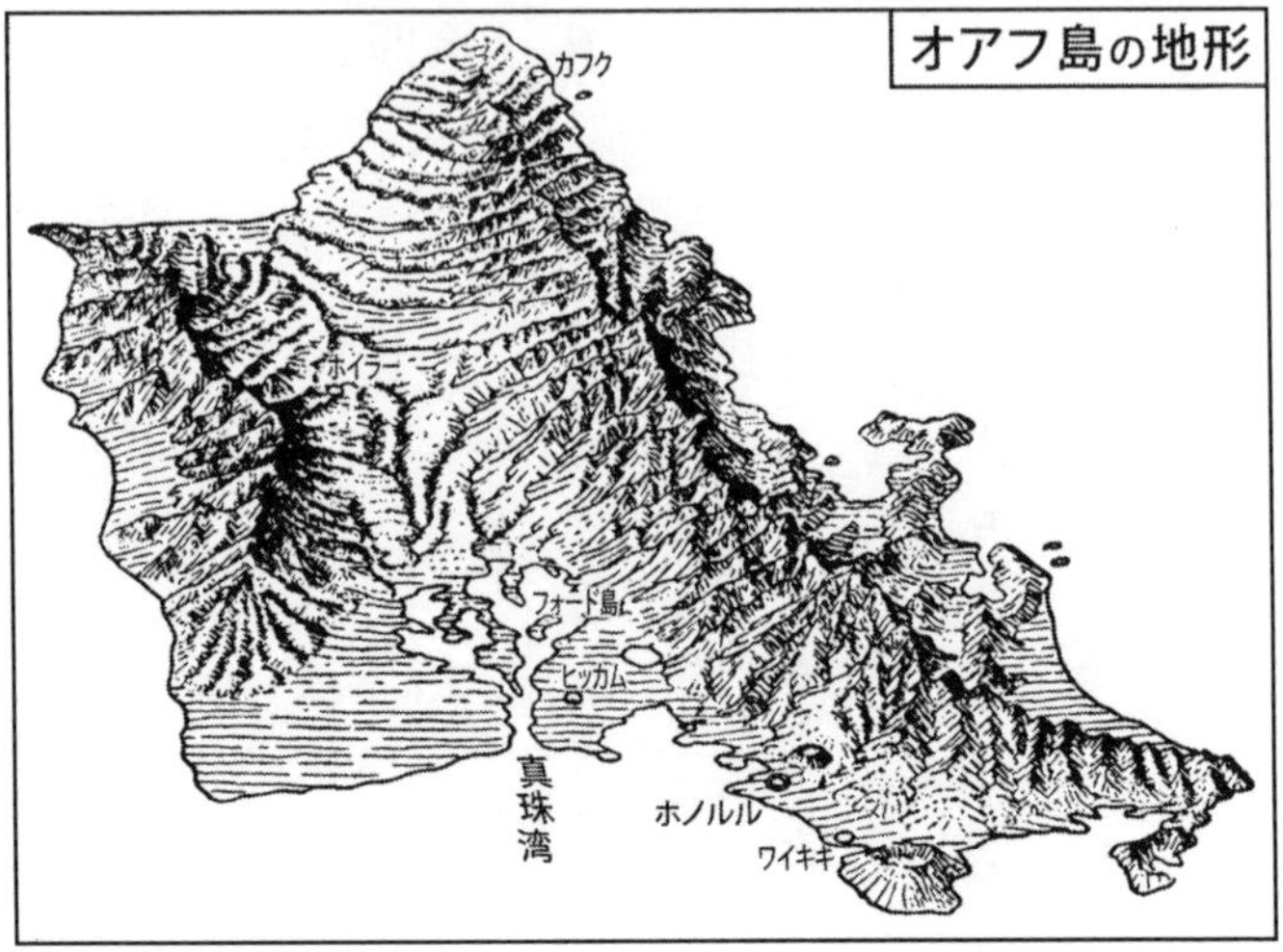

オアフ島の地形

ほどあって、古い火山の間のゆるやかな谷に、島がよく開かれています。日本人がいちばんたくさん住んでいるのも、この島です。元来日本人の数は、ハワイ諸島全体にかけて十六七万人に及び、全人口の約四割を占めている上に、農業・水産業を始め、多くの産業は、ほとんど日本人の手によって行われていますから、ハワイ諸島はいわば日本の島と見ることができるのです。オアフ島の南東にあるハワイ島は、いちばん大きな島で、農業が行われ、島内には四千メートルを越える高い火山が二つもあり、いつも溶岩《ようがん》を噴《ふ》き出している火山もあるので有名です。

ミッドウェーは、ハワイ諸島の西にあります。直径約十キロのまるい珊瑚礁《さんごしょう》の中に二つの島があり、もとから海底電線の通っているところでしたが、その後アメリカ海軍の基地として、大鳥島・グアム・マニラなど、わが軍にいち早く占領された基地と連絡《れんらく》する大切な場所でした。わが海軍は、しばしばこの島をも爆撃《ばくげき》しています。

サモアとフィジー

ハワイ諸島の西方や南方に散らばっている無数の小さな島々のうちには、たくさんの大切な島があって、わが海軍の爆撃を受けたものも少くありません。殊に赤道より南方にあって、米本土と濠洲やニュージーランドを連絡する道すじにあるサモアやフィジーなどの島々は、海底電線が通り、航路に当っていることから見ても、すぐ重要であることに気がつくでしょう。

サモア諸島は十数個《じゅうすうこ》の小島《こじま》が集合し、ココやしやパンの木でうずまった、南太平洋上の美しい島々の一つです。

この島々の住民の中には、くらやみには魔物《まもの》がすんでいると信じ、それを恐れるあまり、夜中《よなか》でもあかりをつけ通しにしているものもあります。島々のなかほどにあって、ニュージーランドの治めているアピア港は、以前から米・濠間の航路に当っており、またパゴパゴは米国海軍根拠地《こんきょち》の一つです。

サモア諸島の南西にあるフィジー諸島

タヒチ島の住民とやし

は、大小二百数十の島々から成り、わりあい大きなビチレブ島にあるスバは特に要地で、珊瑚礁《さんごしょう》の内側は波の静かな良港です。もとは食人の風習をもつ住民でしたが、英国人が来るようになって、いろいろの病気に感染《かんせん》して人口はどんどんへりました。はしかのため、一度に数万の人々が死んだこともあります。

サモア諸島の南東には、タヒチ島のあるソシエテ諸島やクック諸島があるし、わが南洋群島の南東に近く、ギルバート諸島・オーシャン島・ナウル島などがあります。オーシャン島・ナウル島はアンガウル島と同じように、燐鉱《りんこう》が取れるので有名です。

ナウル島の南西には、度々《たびたび》のソロモン海戦で名高いソロモン諸島が北西から南東へ続いています。

ソロモン諸島の子供たち

ニッケルの島ニューカレドニア

フィジー諸島と濠洲の間にあって、四国より少し大きい島が、ニューカレドニアです。この島には、ニッケル・クローム・鉄が産出し、何れも前からわが国へ送り出されていました。ニッケルは特に有名で、カナダに次ぎ世界第二の産地です。この鉱山に働くため、ここへ渡って来たわが国の人たちが一時は千数百名にのぼり、のちには商業・農業など、各方面に働いていました。フランスはこの島へ罪人《ざいにん》を送り、それらの子孫も数百人にのぼっています。島の南端にあるヌーメアは良港です。ニューカレドニアとフィジー諸島との間には、ソロモン諸島に続くニューヘブライズ諸島があります。

羊毛と小麦の濠洲《ごうしゅう》

濠洲は、日本とは赤道をへだてた南側《みなみがわ》の端《はし》にあって日本と似た位置にあります。日本と濠洲とをくらべて見るため、これを重ね合せるには、図のように濠洲をさかさまにしなければなりません。わが国では、南方の台湾が気候において亜熱帯性をあらわしているのに、濠洲では反対に、北ほど熱帯性なのです。それで東京とシドニーは、同じぐらいの緯度にあって、どちらも気候のよいことがわかります。

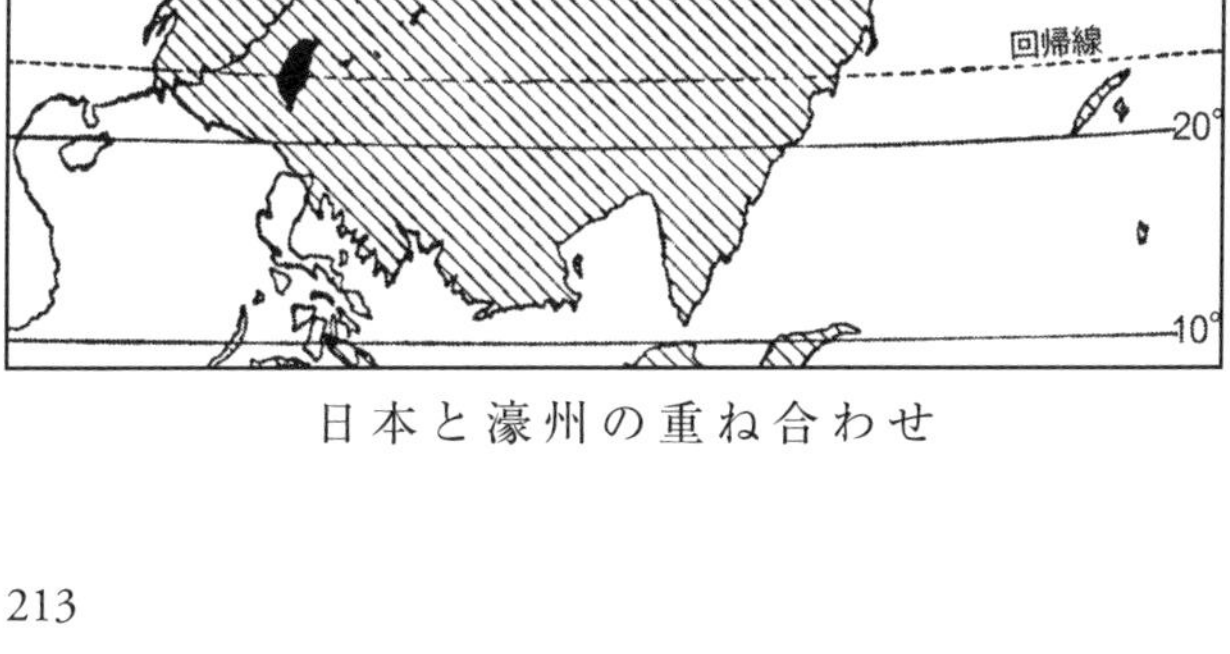

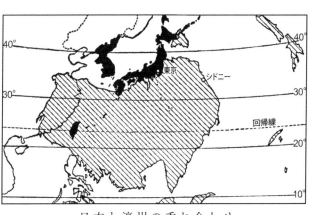

日本と濠州の重ね合わせ

濠洲は、大きさがわが国の十一倍もありますが、人口はわずか七百万で、東京市ぐらいしかありません。以前から住んでいた住民は、百万人もあったのが、百年あまりの間に五万人ばかりにへってしまいました。これは、本国から流された英国人やその子孫が、住民をいじめ、ずいぶんざんこくな仕打《しうち》をしたからです。

濠洲の北部一帯には熱帯多雨の地方があるし、中央から西部へかけては沙漠があって、英国人が住むのに適しない部分が広いのです。しかしそういう地域へも、従来はアジア人を決して入れようとはせず、いわゆる白濠洲《はくごうしゅう》といって、英国人以外には全く門戸《もんこ》をとざしている有様です。その中に二千人ばかりの日本人がいるのは、木曜島などで行われる真珠貝《しんじゅがい》の採取《さいしゅ》に、どうしても日本人が必要だからで、これも勝手な口実で許していたに過ぎません。

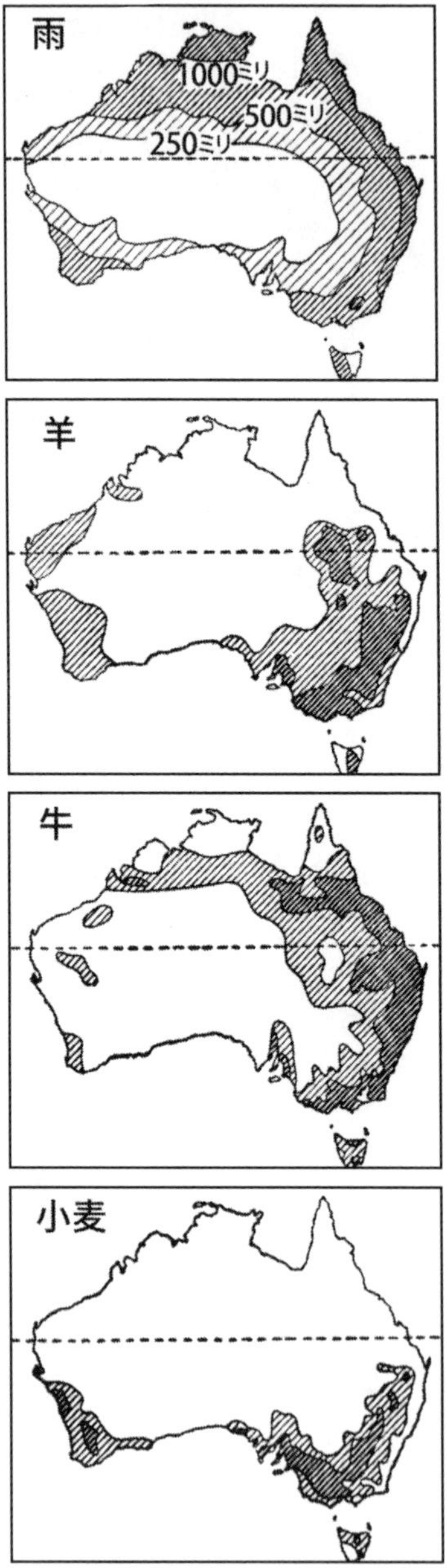

濠州の雨・羊・牛・小麦

羊の群

濠洲は世界一の羊毛の産地です。メリノ種の羊が多く、これは元来乾燥地《かんそうち》に適し、湿気《しっき》が多かったり、雨量も年千ミリ以上あったりする土地では病気になります。しかもあまり雨量のないところ、例えば五百ミリ以下では牧《ぼく》草《そう》がよく育ちませんから、飼うのに不便となります。濠洲の東部にある山脈の西側のゆるい傾斜地《けいしゃち》は、雨がちょうど六七百ミリぐらい降るので、この羊を飼うにはまことに絶好《ぜっこう》の地です。それでも、年によって雨のごく少い時には、羊がたおれることもあります。また牧草《ぼくそう》を食いつくす野兎《のうさぎ》も、羊の敵として恐れられています。そこで、雨の少い地方では盛んに掘抜《ほりぬ》き井戸を掘り、また野兎のためには、ところにより地上地下とも各々約一メートルぐらいの金網《かなあみ》を、長々と張りめぐらして防《ふせ》いでい

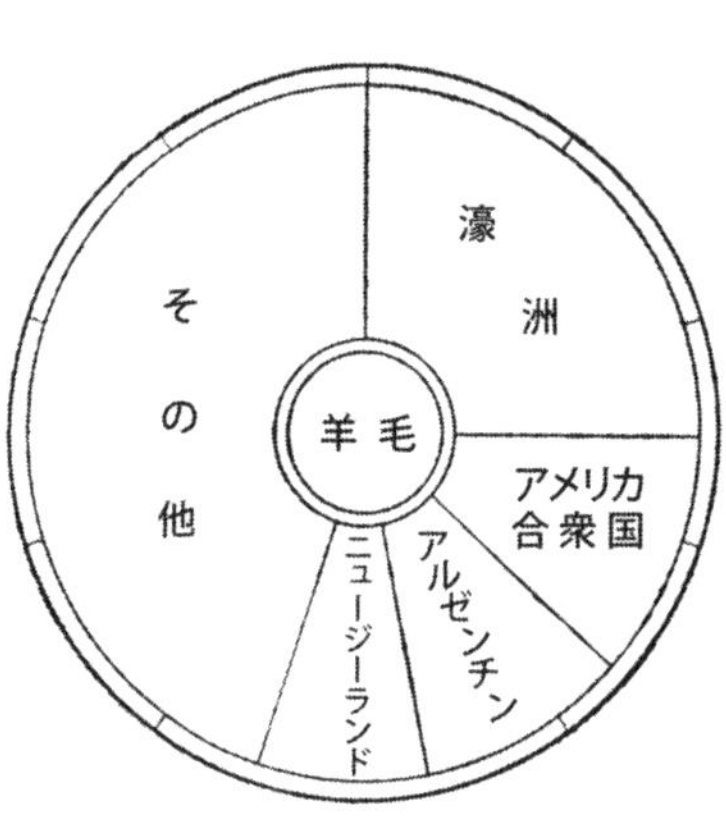

羊毛のわりあい

ます。

牛も世界的に有名な産地ですが、これは少しぐらい暑い地方でも、また雨の多い地方でも、飼うことができます。小麦の分布がわずかに南部の地方にかぎられているのは、北満と似て雨の少い温帯に適するからです。こうして産出する羊毛・牛皮・小麦などは、主として英本国へ送り出され、かつては日本へもたくさん輸出されていました。濠洲にはこのほか金・石炭・亜鉛《あえん》・鉛《なまり》なども産出します。

東海岸にはシドニー・ニューカッスル・ブリスベン・タウンズビルなどの都市が並び、南海岸にはメルボルンがあります。また東インドの島々に近く、ダーウィンや、その他注意すべき要地があります。シドニーは奥深い入江にのぞむ商工業の大中心地で、その南西約二百五十キロのキャンベラには、総督《そうとく》がいます。

シドニー

二つの島ニュージーランド

　南太平洋のいちばん南にあるニュージーランドは、北島・南島の二つから成り、全体の形が細長いこと、地震《じしん》の多いこと、火山のあること、温泉のあること、風光の美しいこと、温帯にあることなど、日本とよく似たところです。ただこの島々では、南に行くほど寒くなるのが日本と違う点です。

　大きさは、本州と九州を合せたぐらいで、しかも人口はわずか百六十万人に過ぎません。大部分は英国人ですが、もとからの住民のマオリ族は八万ぐらいで、顔かたちや、ことばや、武をたっとぶ精神など、日本人と似ているところから、非常にわが国に親しみを持っています。

　小麦や羊は特に南島の東側に多く産し、北島には牛がたくさん飼われていて、人口一人あたり、牛と羊の数は世界でもいちばん多いぐらいです。乳牛《にゅうぎゅう》も多く、

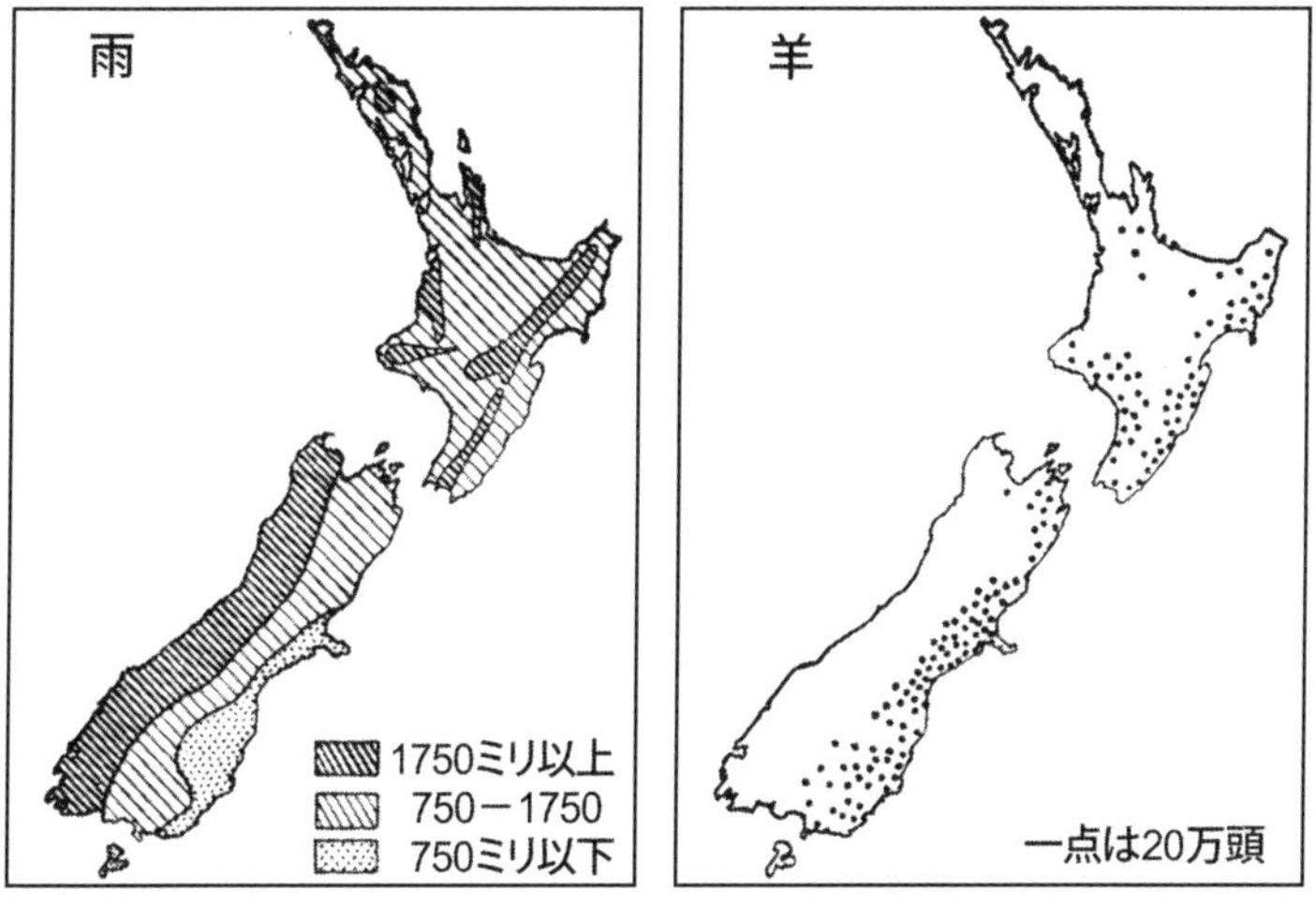

ニュージーランドの雨と羊

良質のバターやチーズが作られ、羊毛とともに、ウェリントンやオークランドから積み出されます。

濠洲やニュージーランドの南は、はるか南極海へ続いています。そこは、わが捕鯨船《ほげいせん》の活躍《かつやく》するところとして注意しなければなりません。

太平洋をめぐる地方と日本の将来

太平洋をめぐる大陸・島々のうち、わが本州やパプア島、さては南北アメリカなどでは、海岸に近く山々が三四千メートルの高さにそびえています。そうしてそれに沿《そ》うように、海底には、ぐっと急に深いところが続き、時にはわが国の南東部にある日本海溝《かいこう》やフィリピンの東側にあるフィリピン海溝のように、一万メートル以上の深さのところがあります。また、これらに関係のあるように、大陸のふちや、島々を縫《ぬ》いながら、火山が続いていて、太平洋をめぐる島々・大陸は、まことに深いゆかりのあることを示しています。

北太平洋には、赤道附近から起り、日本の南東を洗《あら》いなが

カムチャッカの火山

ら、規則正しく流れる黒潮があって、遠くその暖かな空気を、北アメリカの北西岸へ運んでいます。また一方ベーリング海や、オホーツク海から、わが近海へ流れくだる寒流があります。南太平洋にも、これと似た流れ方の海流があって、遠い昔からこれらの海流は、交通や漁業に利用されて来ました。

太平洋とアジア大陸の間には、夏と冬で向きの違った風の吹くことは、東亜の各地で学んだことですが、この季節風のほかに、太平洋中の貿易風《ぼうえきふう》や、時々起る台風《たいふう》や、熱帯のスコールなどは、太平洋をめぐる地方や島々の人たちに、大きなえいきょうを与えています。

同じく太平洋の大自然に育てられ、はぐくまれた中にも、わが大日本は、神代《かみよ》の昔から海洋の国として存在し、いよいよ栄え、いよいよ発展して今日に至りました。海に親《した》しんだわれらの祖先は、大八洲《おおやしま》を始め、たくさんの島々をりっぱに経営《けいえい》し続けて来ました。近世徳川氏の政策《せいさく》によって、

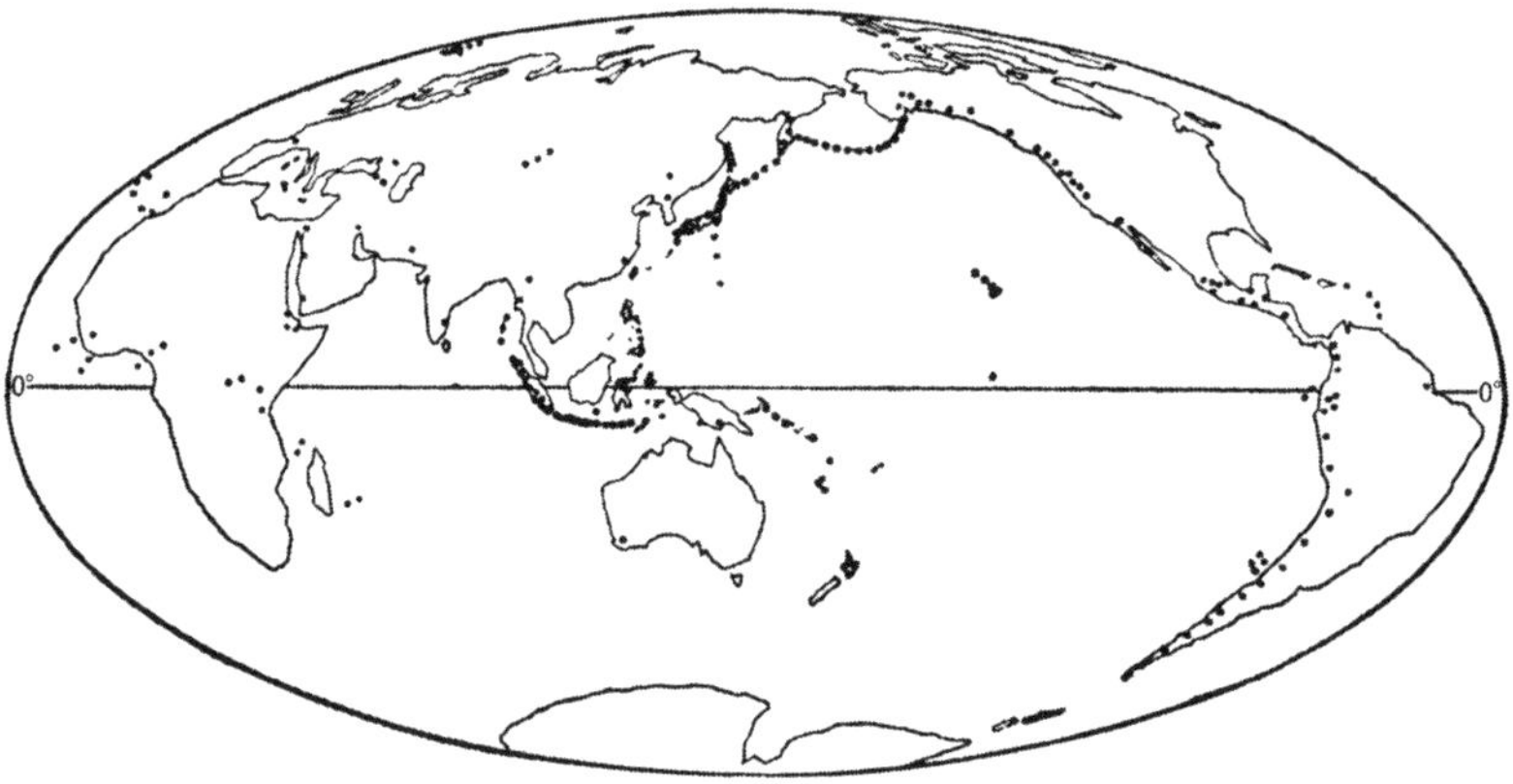

世界の主な火山の分布

しばらく国をとざしている間に、太平洋の島々との連絡《れんらく》が絶《た》え、そのあいだ、欧米人は、日本に近い島々までわがもの顔にふるまいましたが、今や再び太平洋は日本の力の前に、アジアの海として、その本来の姿をあらわし始めました。大東亜の住民の多くは、早くも日本の救いのもとに新しい生活を始めています。

太平洋とその島々、アジア大陸からインド洋へかけて、いっさいを含《ふく》む大東亜――その中心こそ、まさしくわが日出ずる国日本なのです。いや栄えに栄えゆく、この大和島根に生をうけたわれら一億はらからは、今こそ大御心のまにまに、祖先に恥《は》じない大東亜建設の偉業《いぎょう》を打ち立てて、世界永久の平和、万邦協和《ばんぽうきょうわ》の喜びを、よろずの民にわかち与えなければなりません。

「復刻版　初等科地理」解説

地理が地政学の基礎を教えていた

宮崎　正弘（評論家）

この地理教科書は、昭和十八年から終戦まで小学五、六年生用に使われたものの復刊である。

リバイバルの目的はいかに戦前戦中、正しい教育をしていたか、単に地図を頭に叩き込むのではなく世界地図の中での日本の位置をつねに確認させ、地政学の基本となるものの考え方を生徒に検証させた。このような智慧を現代日本の教育に活かせるのではないかと再考を促す効果もある。

奥付を見ると、発行が昭和十八年二月なので執筆は昭和十七年と推測できる。したがって記述内容は真珠湾攻撃から昭南島（シンガポール）占領という戦局に沿った仕上げになっている。ミッドウェーの惨敗は十七年六月である。

大東亜戦争の敗色はまだ見えず、愛国教育がおそらくピークに達していた。記述の端々に日本民族の焔《ほのお》が燃えている。

この同時期に刊行された『初等科国史』では、吉田松陰、西郷隆盛、楠木正成ら「民族の英雄」を教えた。そのうえ小学生高学年に「地政学」という重要な概念を教養として植え付けようと編集の工夫がなされている。

ここが重要なポイントである。

全体は二部構成で、上巻が「内地」(朝鮮と台湾は「準内地」)。下巻が「外地」という区分けである。すなわち日本が掲げた「大東亜共栄圏」の全体図が地政学的に、あるいは戦略的に俯瞰でき、了解しやすい教育方針が基盤にある。

短い文章表現ではあっても適確に、簡潔明瞭に各地の地誌学的要点、その特質を抉《えぐ》り出している。下巻の「外地」とは大東亜共栄圏の版図であり、北樺太から満洲、千島列島から南はインドシナ半島を南下してジャワ、セレベス、ボルネオ、南太平洋諸島、東はアリューシャン列島、西はウイグルからインド、西アジアまで。およそ地球儀の半分をしめ、アメリカ大陸、アフリカ諸国、ならびに欧州は一行も書かれていない。

各論の特徴を見てみよう。

「内地篇」は日本列島の地域ごとの特質が自然環境、地形、その歴史的沿革、さらに文化、産業へと総花的な基礎知識の習得におかれている。

「わが国土のすがた」では、

のびて行く使命をはたすにふさわしい位置を占め、その形ものびのびと、四方に向かって手足をのばして進むようすをあらわしています。(10頁)

たぐいない国土に恵まれたわが日本は、まことに神の生み給うた国であることを、つくづくと感じるのであります。（10頁）

海岸線の豊かさ、火山活動が活発なため温泉が各地にあり、河川の重要性、平野の風景などが概括され、各地の産業構成の説明がある。産業の特質が地域性に沿って書かれているのである。たとえば北関東については、こう書かれている。

山麓地帯では、いたるところ養蚕業が行われ、従って製糸業・絹織物業もまた盛んです。前橋・高崎・富岡・熊谷などは製糸業の中心地であり、桐生・足利・伊勢崎・八王子などは絹織物の産地です。これらの都市やその附近には、最近いろいろな工場が新しくできて、いよいよ活気を見せています。（20頁）

明治維新以来の富国強兵という国家目標が意識の基軸にある。また小学生高学年ともなると、当時は殆どが愛国精神に富む軍国少年であり、産業の興隆をたのもしく思う年頃でもあった。あの頃に、この教科書で習った世代が本書を手にすると懐かしさが込み上げてくるだろう。戦後教育をうけた世代とて、この教科書のなかから多くの教訓を得るだろう。

記述は産業地図の俯瞰が続くかとおもうと次のような表現に往々にぶつかる。

三浦半島の東岸にある横須賀は、名高い軍港です。東京湾の入り口を扼して、東京の防備上大切な位置を占め、東京との交通もまたたいそう便利であります。相模湾岸の鎌倉は、三面に山をめぐらし、南に海をひかえたところで、この要害をえらんで、七百五十年の昔鎌倉幕府が開かれたのです。名高い神社や寺院が多く、いたるところに史蹟があって、見るもの聞くものが歴史をしのばせます。（26頁・傍点宮崎）

さりげなく源頼朝が幕府に選んだ土地の地政学的重要性を挿入している。なかなかの工夫である。ここで気になったのは石器時代や縄文、弥生時代の遺蹟に関して記述がないこと、つまり当時まだ考古学は発展しておらず、遺蹟の発掘などに国力を割いている余裕はなかったからだろう。

河川の運搬の重要性は、流通ばかりか発電の応用が特記され、利根川についての箇所を読むと、こう書かれている。

沿岸には村や町が多く、道路や鉄道が、岸に沿い川を横ぎって四方に通じ、車馬の往来がにぎやかです。昔は川船が盛んに上下し、人や荷物を運び、川岸の所々に港が発達して、その水運は、もっぱら関東平野の交通上大切でありましたが、鉄道や自動車の便がよくなった今日では、下流地方をのぞくほか、あまり利用されなくなりました。（28頁）

戦略上、河川、橋梁、道路、鉄道、そして発電所は国防上重要なポイントであるが、そうした背景も自然なかたちで表記されている。つまり戦略的発想を植え付ける教育が巧みに施《ほどこ》されていたのだ。濃尾平野に関しても同じことが言える。

古来交通上大切なところで、多くの街道がここに集まっています。（中略）十字路ともいうべき地方であり、その上、昔の都京都に近かったために、いっそう交通上にも軍事上にも、大切なところとなっていたのです。（35頁）

とし、古戦場が多く、桶狭間や関ヶ原を指摘する。

濃尾平野はヤマトタケルが往復し、壬申の乱では有力な豪族《ごうぞく》の尾張氏が天武天皇側についた。後醍醐天皇時代、伊勢を抑える戦略的重要性から重視されたことなど、学校では古代史以来の戦略的要衝だった旨も教室では教えただろう。

奈良と京都の記述はさらに軍事的戦略的要衝という重要性が籠められて次のように書く。

（遷都にあたって）京都盆地及び奈良盆地の北部にあること、しかも市街がどちらも東側の山のふもとの方へ片寄っていることなど、互に似かよったところがあります。

かように京都も奈良も、盆地の北の端に規模の雄大な都がつくられたのですが、市街の西の部分はさびれ、東の部分が発達して、次第に山のふもとの方へ寄って行ったのです。（40頁）

今日の科学、歴史学は奈良盆地の中央部分に湖（奈良湖）があって、その周囲を豪族が住み分けた経過、また京都は琵琶湖の水が生命線であったため東に生活空間が拠ったことなどが解明されているが、小学生には右の記述で十分だろう。

神戸の地理説明も、

神戸駅の近くに、菊水のかおりも高い湊川神社があって、とこしえに忠臣のいさおを仰ぐのであります。（46頁）

と、なんだか楠木正成となると直立不動の名調子となる。

中国地方では、

呉は瀬戸内海にある軍港で海軍の工廠があって、広島とともに軍需品の製造が盛んです。（53頁・傍点宮崎）

徳山には海軍の燃料廠があります。(53頁・傍点宮崎)

軍港、燃料倉庫、基地を教え込んでいる。

九州のページでも忠君愛国のリズムは高く奏でられ、

宇佐神宮は、和気清麻呂の忠誠と結んで、だれ知らぬものもない社です。(60頁)

この箇所では教師が道鏡の横暴、天皇の座を狙った不敬を和気清麻呂が斥けたことが語られたのであろう。現代の教科書では教えない、ちゃんとした民族精神の涵養が、地理の編集方針にも意図されていたのだ。

北海道の記述も示唆に富んでいる。以下は、千島列島について書かれた部分である。

気候が寒く、住民も少く、農業に適していませんが、近海にさけ・ます・たら・かになどがたくさん取れますから、漁業はなかなか盛んです。そのため、かんづめ工場も興っています。(中略)北太平洋におけるロシア及びアメリカ合衆国の領土に近いので、国防上非常に大切なところです。(90頁・傍点宮崎)

戦後の地理教科書でこのような「国防上非常に大切なところ」という記述にお目にかかったことはない。いや、文科省の教科書検定官はこういう記述を不合格の口実にしかねないほど現代の文部行政は怪《あや》しくなっている。

当時、韓国ならびに北朝鮮を日本は「韓国併合」とした。それゆえに内地同様に扱われていたのである。

地理的特質を鷲づかみにする書き方は、ダイナミックで、朝鮮半島を次のように活写する。

西の黄海方面と、南の朝鮮海峡方面には、大きな川々があって、各地に平野が分布しています。海岸線の出入が多く、附近に大小無数の島々があって、よい港があり、交通や産業が開けて都市も発達しています。これらの点で、日本海沿岸とは非常なちがいです。（中略）遼東半島の先端部を占める関東州は、満洲の入口で、軍事上、交通上の要地を占めています。人口約百四十万のうち、内地人は約二十万です。（94頁）

満洲の入口は大連、旅順で、「不凍港」と特記されている。

関東州が交通上すぐれた位置にあることは、大連がこれを代表し、また軍事上大切であることは、旅順がこれをよく物語っています。（中略）旅順は、港の口が狭く、後は山にかこまれた自然の要害で、わが海軍の要港となっています。附近一帯は、日清・日露の両戦役に名高い戦跡であって、高く低く連なる一つ一つの岡は、わが将兵の尊い血に染まったところです。（100頁・傍点宮崎）

わが国の領土となってから、産業がいちじるしく進んだので、産物が豊かになりました。（101頁）

もう一つ、日本の領土だったのが台湾だ。
熱帯ゆえに樹木が茂り、天産物に恵まれている台湾は「わが南方の宝庫」であり

加えて、

対岸に支那本土をのぞみ、南にわが国力の日々にのびゆく熱帯の諸地方をひかえていますから、軍事上、交通上、今後ますます大切なところとなるでしょう。（101頁）

として、澎湖諸島など南洋群島の戦略的要害としての重要性を記述しているのである。
「外地篇」は最初に「大東亜」の意義が力強く語られる。

神のお生みになった尊い神国（115頁）

これまで、外国のあなどりを受けたことは一度もありません。（115頁）

世界にためしのないりっぱな国がら（115頁）

と祖国への絶賛が述べられ、次へ進む。

大東亜戦争が始まると、皇軍はすぐ北のマレー半島から攻め入って、これを占領し、続いてこれらアジア大陸南東の島々から、米・英・蘭の勢力をいっさい払いのけてしまいました。（116頁）

西部地方のビルマは、わが国の攻略によって、すっかり英国の勢力が払いのけられ、住民たちは非常にわが国を信頼し、みずから進んで大東亜の建設に協力しています。（117頁）

と赫々《かくかく》たる戦果が記されている。

したがってシンガポール占領の意味を、

英国は、百二十年ばかり前からこの島をわがものにして、シンガポールといいならわし、軍港と商港の設備をととのえて、非常に大切にしていました。ところで大東亜戦争が始まると、わが軍は五十五日でマレーを占領し、更に一週間で、難攻不落をほこったシンガポールを落としてしまいました。（120頁）

と重視する。

インドネシアならびにインドシナ半島に関しても次のようだ。

長くオランダやイギリスの領地となっていましたが、これも大東亜戦争が始まると、わずか数箇月の間に、ほとんど全部がわが軍に占領され、以来住民は、日本の力に導かれながら、希望にみちて働くようになりました。（126頁）

日本軍が占領したという地政学的な意義はその後に記述されている。

わが陸軍の落下傘部隊が占領したパレンバン附近の油田を始め、その北方のジャンビー附近、北部地方など、所々に油田があり、一年に五百万トン以上を産します。（中略）最も大切なものは石油で、（ボルネオでは）北西部のセリア・ミリ、北東部のタラカン島、東部のバリクパパン附

近のサンガサンガ油田などが有名です。（128頁）

バリクパパンや、対岸セレベスのマカッサルなどに当時、数万人の邦人居住があった。筆者も訪れたことがあるが、高台には日本軍の高射砲陣地跡が残る。同石油基地は現在のインドネシア経済を支える一大資源拠点である。

現在のパプア・ニューギニアについても言及がある。

島の南東にモレスビーの要地があります。この南東で、珊瑚海海戦が行われ、わが海軍は大勝を博しました。パプアの北東にはビスマルク諸島があり、そのなかのニューブリテン島には、ラバウルの良港があって、ソロモン諸島方面への大切な基地となっています。（136〜137頁）

満洲へうつっても、この資源の重要性が力説されており、森林資源、塩田などの拠点、農作物の作柄や分布状況などに続いて、石炭の産地が強調される。

石炭は満洲の地下にある大切な資源の一つで、約二百億トンもあるものと見積られています。撫順の露天掘は、鞍山の製鉄とともに、日本人のすぐれた技術を示す（中略）。阜新・鶴岡（鶴崗・解説注）・密山などの大炭田が続々見出されています。（145頁）

この満洲へ日本が進出した背景を教科書は、こう説明する。

ロシアが南下して満洲をふみにじり、朝鮮をおびやかしたので、日本は東洋平和のためにおおしく立ちあがりました。（ところが）支那はあやまった抗日思想にとらわれて、日本をあなどるようになったので、昭和六年九月、満洲事変が起り、その結果満洲国が誕生しました。（152頁）

私事ながら、これらの地域の殆どを筆者は取材した経験があり、端的に戦略的資源分布を、戦前戦中の教科書がしっかり教えていたことに驚きを禁じ得ないのである。

戦後、「支那事変」を「日中戦争」と教えるような左翼歴史教育が蔓延したため、この時代の正確なありようを把握することは難しい。だから逆に当時の教科書が参考になるのだ。

「蒙疆」の箇所では、モンゴルからウイグルにかけて日本の守備範囲となった宏大な地域の説明があり、以下の動機が述べられる。

蒙疆は満洲とともに、ロシア方面からはいって来る、よくない思想を防ぐのに重要な地方です。（153頁）

まさに大東亜共栄圏を防衛するという考え方が述べられている。

現代の中国は当時「支那」と呼ばれていた。日本は徹底的に支援したが、外国が遠隔操作で反日運動を組織化して抵抗させた。


支那が、外国のあなどりを受けて国が危くなったとき、いつも日本はこれをかばうようにして、その独立と、東洋平和を維持することに力をつくして来たのです。元来支那は広いため、国内の統一がつかず、昔から乱れがち（173頁）

だった。しかし、

支那は文字の国、宣伝の国で、外交や社交が上手で、なかなか形式や礼儀を重んじます。自分の国を、中国または中華と呼び、現在も国号を中華民国と称しています。（175頁）

と中華思想を分かりやすく述べ、中国人の特質である政治宣伝のうまさを指摘している。

ベトナム、ミャンマーからインドにかけても、西欧列強の植民地支配の残酷さ、その桎梏《しっこく》を取り払った日本の勇敢さと今後の使命を語りつつ、「外地篇」後半に詳述されるのは、南太平洋の島々である。

いかに小さい島でも、それが要所に当っていれば、軍事上交通上非常に大切で、或いは飛行機・潜水艦の基地となります。(207頁)

と、ここでも戦略的見地からの説明にページが割かれる。

戦後、日本人がすっかり忘れているのがアリューシャン列島である。教科書は「霧のアリューシャン」として、一項目を費やし、「アジアとアメリカとの間に、じゅずのようにつながっている」と地理的特徴を描きながら、

東亜に対する米国の北の進攻路に当っており、最近しきりにその備えをしていましたので、昭和十七年六月、雪どけを待って、わが軍は列島の中のアッツ・キスカの二島を攻略し、さらに有力な敵の根拠地ダッチハーバーを爆撃しました。(208頁)

この文脈から真珠湾攻撃が語られる。かくして太平洋は南太平洋の島嶼国家群から北はアリューシャンまで、戦略的重要性を説明しているのである。

同じく太平洋の大自然に育てられ、はぐくまれた中にも、わが大日本は、神代の昔から海洋の国として存在し、いよいよ栄え、いよいよ発展して今日に至りました。海に親しんでわれらの

祖先は、大八洲を始め、たくさんの島々をりっぱに経営し続けて来ました。（219頁）

この教科書を解説するにあたって筆者は二回読んだ。読めば読むほどに味が深く、しかも戦前戦中の小学生は、これほど高いレベルの地理教育を受けていたのかと感動を深くした。

本書復刊の意義はじつに大きいと言える。

昭和十八年二月廿五日印刷
昭和十八年二月廿七日發行
昭和十八年二月廿八日翻刻印刷
昭和十八年三月廿八日翻刻發行

初等科地理下

新

定價金貳拾六錢

わ

本卷挿入ノ寫眞・地圖ハ昭和十八年二月十二日陸軍省海軍省ト協議濟

昭和十八年三月五日
文部省檢査濟

著作權所有

著作兼發行者　文部省

翻刻發行兼印刷者　東京市王子區堀船町一丁目八百五十七番地
東京書籍株式會社
代表者　井上源之丞

印刷所　東京市王子區堀船町一丁目八百五十七番地
東京書籍株式會社工場

發行所　東京書籍株式會社

『初等科地理』について

本書は、昭和18年度から終戦まで国民学校初等科5年、6年で使用された教科書『初等科地理』上下巻の合本で、当時の小学校における地理教育の、驚くべきレベルの高さを示す内容となっている。上巻では日本地理、下巻では大東亜の地理を扱う（それ以外の地域は高等科、中等学校で学習予定）。日本地理では、日本本土を一般的な八地方に区分するのではなく、独創的な、より共通性のある地理区分が採用されている。本書には、戦後75年以上が経過して日本の各地域がどう変化したかを理解できる、郷土史料的な側面もある。当時日本だった朝鮮、台湾、南樺太、千島列島、関東州、南洋群島の地理が詳述されていることも、戦後世代にとって興味深い点であろう。地政学的な視点も取り入れられており、戦略的要衝であることを指摘した記述が随所に見られる。戦跡地が紹介されているのも本書の特徴で、日本地理では桶狭間、関原、屋島、川中島の戦い等、大東亜の地理では、旅順、奉天、上海、南京、徐州、真珠湾、昭南島、香港、コレヒドール、ミッドウェー、マレー沖、スラバヤ沖、バタビア沖、珊瑚海、ソロモン海の戦い等が取り上げられている。大東亜各地での欧米列強による植民地支配について触れている点も、今の小学校の教科書と大きく異なる点である。

編集協力：和中光次

[復刻版] 初等科地理

令和3年 7月 15日　　第1刷発行

著　者　文部省
発行者　日高 裕明
発　行　株式会社ハート出版

〒171-0014 東京都豊島区池袋 3-9-23
TEL03-3590-6077 FAX03-3590-6078
ハート出版ホームページ http://www.810.co.jp

乱丁・落丁本はお取り替えいたします。ただし古書店で購入したものはお取り替えできません。
本書を無断で複製（コピー、スキャン、デジタル化等）することは、著作権法上の例外を除き、禁じられています。また本書を代行業者等の第三者に依頼して複製する行為は、たとえ個人や家庭内での利用であっても、一切認められておりません。

Printed in Japan ISBN978-4-8024-0123-4
印刷・製本 中央精版印刷株式会社

［復刻版］初等科国史
GHQに廃止された「我が国最後の国史教科書」
三浦小太郎 解説　矢作直樹 推薦
ISBN978-4-8024-0084-8　本体 1800 円

［復刻版］初等科修身 ［中・高学年版］
GHQが葬った《禁断》の教科書
矢作直樹 解説・推薦
ISBN978-4-8024-0094-7　本体 1800 円

［復刻版］ヨイコドモ ［初等科修身　低学年版］
敗戦前、小学校低学年の時からこんな道徳を学んでいた！
矢作直樹 推薦
ISBN978-4-8024-0095-4　本体 1600 円

［復刻版］初等科国語 ［中学年版］
日本語の美しい響きと力強さだけでなく、大切な道徳心も学べる国語教科書
葛城奈海 解説　矢作直樹 推薦
ISBN978-4-8024-0103-6　本体 2000 円

［復刻版］初等科国語 ［高学年版］
道徳的価値観に基づく愛の心に満ちた国語教科書
小名木善行 解説　矢作直樹 推薦
ISBN978-4-8024-0102-9　本体 2500 円

［復刻版］高等科国史
未使用・未刊行　世に出ることのなかった“幻の教科書”
三浦小太郎 解説
ISBN978-4-8024-0111-1　本体 1800 円